Fun With
ITALIAN
Word Search Puzzles

Welcome to these fun Italian Word Search Puzzles which is to provide endless entertainment from the Juniors to senior citizens.Find and circle or cross-out all of the hidden words within the grid. Each puzzle contains 30 words as challenges to be searched on board.

The words are hidden and read in any of the directions: Vertically, horizontally, diagonally, forward and backward. You're provided with a list of words to find within a grid of seemingly - random letters. Every word in the list appears once and only once in the puzzle grid.

These word search puzzles have been designed to suit any one inclusive of visually impaired, due to its large print lay-out and the high resolution of the interior set-up.

Designed by: Rays Publishers

rayspublishers@gmail.com

Copyright © 2015 by Rays Publishers

ISBN-13: 978-1505887938

```
T J I X N A O S O Z I O V I V
E F A T I C A S T T M I A O O
M S L E R A C R A B M I E R O
A R N O E P N A S T A N D W E
T C S I S S J L S I D R A R N
O O Z E F U I L I G F P I U E
P U H S O L L Y M T C S M O G
O M S I S A C E E D N O D E O
I F E V S F N A G O G N A D S
E V E E C D L V C N A E C A S
S O L H O P T D A V A T E H A
I L E S D C I J O I K H B C V
E Y O Z E M O C R E P M I O Y
B Z Q X I T S U R T F O R P A
Y Q H B D A A U B E U Z S R J
```

Angelus	Mendoso	Scovando
Capsula	Missato	Selle
Dammi	Negossa	Sire
Davate	Percome	Sismo
Donde	Pochade	Smog
Ematopoiesi	Prof	Stand
Ezia	Rally	Taso
Fatica	Reimbarcare	Trust
Finse	Ribeca	Veio
Idra	Roso	Viete

```
Z O U Q I N I Q G S Y O O P A
S A Q I T H O A B A R X G V E
L F Q G X F J B M A J I E L S
N L E W Y A L T B A V H M S S
D C R G G U E A S A R O T D I
Y E E X E B L S N M B E A G D
X B T S B O O A T C A A N U O
J R C E S B T T L C F U N I X
R H I J Y C A C E A L L A D C
O R S X G W I A C I N U E E A
U M P W J U N S E V L J C D U
T R P T E Q I S M N H P H R Q
I Z X U R R M E A A E X L G U
N N Q O E P A R C K M I P X W
E L L I M D E J H F I K H S T
```

Blues	Labaro	Riebbe
Boss	Lieto	Routine
Casse	Lungi	Scisma
Cinerama	Mach	Sexy
Dalla	Mille	Teacea
Elmo	Miniato	Tuoi
Enea	Nababbo	Ulnare
Guide	Odissea	Unica
	Psictere	Urlii
	Rape	Watt

```
R G Z G Z O O B R U C I I C O
A I L U A S T Z A N N W R K I
M G P W V V G A J E Q R E O D
M O N N J X E T D C G R G A U
A R A I J A O C E I I E M B A
R H T M T I E T C R P S R Z X
G O G R A S D E A E D A N T E
O A T C R S I P R S L L L O O
B R E A S A S U G A R M P I L
E M A M I L O O T D R O L A D
L S U F O A C O U M T O B Y A
F L O G O G U M Z U A I D S P
O E I D R O L I Z Z A N D O E
C U G F O A G M E L A V D Z D
W O C I T A M R E P S K A E W
```

AIDS
Alato
Audio
Azzo
Brucii
Dante
Dilapidato
Esborsato
Esodo
Flebogramma

Galassia
Glucoside
Golf
Iato
Idrolizzando
Imam
Labiale
Lecce
Masso
Mulo

Odorare
Orafo
Salmo
Saul
Sparire
Spermatico
Suga
Talmud
Tarsio
Tregea

9

```
A O B L A B W O Q U P U O I E
O M T L C H N W B E A F A R K
E D W Z I O G X D W I R A T O
S Z N Q L Y L F Z N E I R A Y
K U O O E C O N O G S Y T N T
J D P R I N X R G O E I H K P
N V T O I B A E D O C E D Q M
Q A I A P A L I D C V R N A P
K V H E S Y C W O E E A E N U
A A B K N A I S L R K L U Y O
U L C P S M O L O A U L U N T
J L B O Z L O O T T K E S I E
O A D A Z A I G A F O T U A L
A T S I N A R U B V W S S A E
T O P D P Q R I B J X H R Y X
```

Acidosi	Erta	Puoi
Aedo	Finora	Stellare
Alba	Fonia	Tare
Atri	Irato	Telex
Autofagia	Khan	Ticcoso
Avallato	Leggerai	Uadi
Balboa	Maya	Uranista
Batolo	Onne	Usus
Biondo	Opus	Vello
Elica	Polono	Vien

A	M	L	A	E	R	A	R	F	F	O	G	E	G	G
G	R	S	A	R	A	O	U	O	O	B	K	P	F	U
N	E	P	A	T	E	R	R	N	T	T	M	P	A	G
E	A	E	O	O	L	N	S	I	O	S	C	E	E	A
P	C	L	Y	I	A	A	E	E	O	T	R	S	N	V
S	I	A	O	C	Z	M	W	T	F	O	P	U	Z	I
P	T	T	E	E	Z	A	N	T	F	I	L	I	A	N
Y	S	O	I	V	A	E	N	A	P	V	V	G	R	O
E	I	O	H	A	R	C	R	A	A	R	E	Y	I	K
L	P	R	D	T	O	O	Y	X	V	G	B	V	B	E
B	O	D	N	A	S	E	T	A	B	I	P	K	F	Q
A	T	H	N	L	R	M	X	Y	Q	D	D	U	V	Y
N	U	A	D	P	L	E	I	S	N	R	A	F	P	J
P	P	Y	U	E	T	S	O	H	K	O	A	G	T	U
D	B	B	O	C	E	I	N	L	L	T	S	I	A	J

Aerofaro
Alpe
Arene
Coana
Daga
Faenza
Fornace
Foto
Gavino
Giuseppe

Goffrare
Idro
Ilota
Ivana
Kripton
Lazzaro
Lift
Orio
Otre
Papa

Pater
Pitia
Sodare
Spelato
Spenga
Tesando
Trento
Ulva
Urlio
Utopistica

```
A P E R C Y S J S G D L E I P
I R V L G G P A J S T R A S S
O A O T Q M F B E A U Z O A D
N T C F X N M K E T S J L B I
M I X L I N S E R I R E U B A
O L U O Z G H T E V U A M I D
V E O F D U O A M O J A U O R
U F S S I R P N E X G T C S X
O R F E O D A O R C P T O O T
L T E U L R U G P R A A T M V
O M S I T S E C E P P N L A Q
M U S U Q P I A I B A S A V E
O M B O F G L R F A L H O P C
T B E K T P E C A D E R P P Y
J B A M I A A A B E R B I C E
```

Aerosol	Etano	Prealpi
Afnio	Etra	Predace
Altocumulo	Evasa	Premere
Amos	Fiducia	Sabbioso
Atos	Inserire	Sativo
Begardo	Natta	Soap
Berbice	Noia	Strass
Cestismo	Panacea	Tomolo
Crac	Papale	Tuia
Epos	Pratile	Usto

```
V T H F E R E I T O R A C K O
D W C U A A I F Y F N Q F S B
A R I C G J O C N A N G M A E
O I O D I P O L O X N N T O R
D T F P P E R A I R T A P S E
N E A E O Y Z O H J S U P V S
A M C E F G G K O A P O S U G
T P C T N A N H R J R A E K L
N R H X E O M U E A M H R G Q
O A I H I N L D L T B V B R Q
R R N U V E E O A B T B I X A
F E O Q L R R O G J A A A I C
F U O P E O I L E A C M C I R
A T K W B S B M R C R N U D O
N G W O V A C O L O A C O J J
```

Abbaio	Enologa	Lungopo
Affrontando	Erebo	Olmo
Ancia	Erede	Onerosa
Arca	Espatriare	Orobo
Carotiere	Facchino	Parra
Ceppo	Galero	Pouf
Dipolo	Ghetta	Ricorso
Drop	Gnau	Ritemprare
Elio	Ioga	Serbia
Eneo	Lobo	Spora

13

```
K O F W P A O T I T U T T A I
A I N S O C R A M N A I G B Q
A J E I A A E V A S E R O B E
M O L V S T Q S A A B C S M B
G R E C L A I Y O G E M E I Q
A N E O E B B T M T C Q F L O
A S D R I O X S A A T D E B P
A E X U I R I N G N C I L V D
S X R Z C C S O T N I H G L Z
U R E L E A U W K A U C B E P
A A M C S O A C W T N W I H Y
F M O O T T U S O O H T E E P
O T A T S D T O W D Q M F T K
O T U L O V N I R C C Q I X D
E S A T T O A N X Q Q W W D G
```

Acrobata	Efeso	Lama
Ascesa	Egitto	Lode
Asino	Elea	Marx
Attutito	Esatto	Ottuso
Avena	Evasero	Ring
Caos	Gamo	Stato
Cave	Gianmarco	Tannato
Ceco	Ibis	Tarsio
Cucire	Involuto	Titanic
Duca	Kiev	Tosc

```
A Z P I I L O V S S B S P I D
R P O Q K E S L D I C O G R Z
A B P V S V U J S E S M X J L
H O A A I Q P W S O F M O K T
X L Y A R B K O C T G E A I I
O O M T T V E V R Y A R H M R
M O D A Y N E E E C R G A K V
S S U L V N V S A T Z E R E S
I R A O A O O T T E R R E M O
N A L F A B E T I C O E L O N
O P E N O R I A V X B D N K U
E S E G A A P R O L O V O E P
O I E P E I G E S U I T A K C
S D W L T O A C C N Z E O S N
L W A I E R E C S O N O C F O
```

Alea	Eonismo	Ovolo
Alfabetico	Feso	Ribaldo
Apparve	Folata	Sceso
Bonn	Foto	Siena
Cene	Gesuita	Sisma
Conoscere	Leso	Sommergere
Creativo	Naia	Svolii
Disparso	Oslo	Vairone
Duale	Otterremo	Vaso
Egeo	Ovest	Volpe

```
O V L G O J Z I S T U W P E F
W V T C O L T E O L O G O H O
G E R L A R A G O A U I R X A
K A E L I B A M O N E M N O Q
Z M S E Y I W E V N U F O S W
A T S E F T R A R O B Z S O B
U T U O E O I Q L E Q A H D D
E X D X L S L G I H D S O O A
V N A V E O S O V R E N P R G
G S T D A B N V U Y X Z E T T
E L O Q V S I E D Z T N E T R
Y H A N U P I T T E R O Y E H
R W G O T A C E R A A A X L Q
P O L E O P O L I O B I G P D
A U C C L R P X Q P M A L T O
```

Anno	Malo	Recato
Avuto	Malto	Rhodesia
Bora	Menomabile	Show
Essudato	Mixer	Slum
Extra	Nervoso	Solone
Festa	Ocra	Tendere
Garzuolo	Odor	Teologo
Gerla	Oleopolio	Texas
Ittero	Plettro	Trieste
Leghe	Pornoshop	Ugro

```
E G L Y Q B N R C Z J A S D I
R X O U A N T F D T Q N L P B
E G U D X M E D I T A R E P B
N A S R O F O P G C I P E I E
O G H V U F P B K A K O T P I
I M O S S E T I C A Z O T A G
Z O O H T A D E N A Z I U K A
A D O E V T T N X G Q F R O I
R M E P I I E E A E U I F T V
T L O S L G R F A R T N O C B
S O D E A E A S T B G B I C E
A F N R S R F O D D I F U N Q
C E E G R I F F A T O Z W R V
E V O L E Y I R O H N Y Z B K
F T I M O L O G I A T A T A V
```

Acetilene	Fosfene	Meditare
Aedo	Frase	Nazi
Alpe	Frutte	Okapi
Annegare	Furto	Ossetica
Bice	Fuso	Raffio
Bizza	Gita	Snack
Boma	Grandeur	Suol
Castrazione	Griffato	Timologia
Contra	Iseo	Tippete
Ebbi	Love	Xeres

15

```
A C B C O S Z O Z Y N E K G Z
S T A T I O N Y F R H I H S A
A E S T E N S E F O B E L F S
M I F I U R E N M W R E R I E
M E B L Z T A T B M S L M B T
I R R O E Z N F I S A I I R T
R A G A T S A R G C L N Y A A
A E J E R E S R P E O G C T X
G N R V R I S I I X H T X O F
L B E A Y R O A B T D P I C O
I C O V B J E E M I N Z L G Q
O A X U J H D T K I L A U Z U
L E R A S A V S R I R E Y M F
A B S A C J F E O A I N N T Z
X O S E T S I D K Y P H W C O
```

Ammiraglio	Erario	Rimase
Antirazzista	Estense	Sfibrato
Attesa	Fare	Simile
Bare	Flebo	Station
Casba	Flessibile	Svasare
Cinetico	Ghermirsi	Teiera
Clara	Misto	Tobia
Disteso	Nemmanco	Trii
Edace	Parterre	Unno
Eire	Pico	Vena

```
A U M I Z B E O L M D A A T R
O N B O R O F O N E T C E R A
A O D T W A X F B O S M O N C
B V V I I Q A N V O D E E E I
P U I L A N S I L G C Z N A L
O O R T B M O C I R O T J S E
N L R U O L O X O U O E X R D
I O O M I M U C T A L K A U N
R E T I E E I E C N L X B I
E A L T C F P A B N P A P I R
I P R I A I R E R M E E Z O F
A O L R C N U Q E A T R M H H
F I I N T B T S A M F R F Q M
S K I R E Z E E R F E E I Q C
O N I T R E B M U I P S C U X
```

Acile	Esemplare	Ruolo
Acme	Forte	Seme
Aierino	Freezer	Serre
Andiamocene	Incipit	Silice
Cento	Inox	Solcometro
Coana	Iter	Torico
Ctenoforo	Nottante	Torr
Ebrea	Oboe	Turpe
Emotiva	Ozena	Umbertino
Ermo	Ripa	Vuol

```
E R E T O U C S I E S S I L U
P H P S W K Z O H A L J O K A
N A D E T E K C R D D O S C S
E V D L U Y E U K E L J O C I
V E S E D R B R N S V D I J L
A C B P G W O R I E C A B A O
T I W O I O F Y F R M I B I K
O D J L G N R R A P P R E S O
T E J I A Z U I O L I Y N O R
O H K P J N Q R V N U A L D U
T N A L L O C Q K N D V R O R
L L C I X O P X V U U I J E S
A N R A D O V Q S Q N I S T J
R C Q Q P I M E Y K B G R T A
I S A I T I L U K X S G H T A
```

Alto	Frondista	Sciampo
Asilo	Giga	Scie
Bavero	Greche	Scuotere
Bijou	Lidia	Spin
Collant	Litiasi	Sudan
Curry	Nebbioso	Teda
Diceva	Nevato	Teodosia
Drink	Porco	Thai
Elepoli	Rappreso	Triunviro
Euro	Reseda	Ulisse

20

```
N A I S A E C U L A R A P E Z
T V K P B Y O N C A M B U S A
E L R U W I N S A L A T A C I
B E R M U E I E V G A E S U G
S L R A P U P U T H A N S D O
E I I A P K R K E T C I E O R
A M N I W F I T J I E A C T F
W L G O H T V P C B T M O A G
I D O I T C X R B S W A F C E
O I R C K T L G V S U L L O D
Z D C S N I I E Q E L N E O L
S S A U P U W C D I G D M X A
P D M G J W R Z O A S A F A F
L D Z Q J S W A R D R U M G B
J Y L T Z T P A C E C E L S O
```

Adelchi	Escudo	Nepa
Asse	Falde	Nette
Burle	Frogia	Ogni
Cambusa	Gara	Paraluce
Caruncola	Guscio	Serpa
Celso	Insalata	Sian
Coach	Irpino	Sinottico
Crio	Italo	Sullo
Domare	Maine	Upupa
Elfo	Nagaica	Vega

```
N K T O G V F K G P F A X C O
A S D R U B A L E S N O T O T
T I T U B A T O Z N P D E T A
N B D V R O D G U J A A G V I
E I R E E A E S N I T S Z I C
S T M D E V B G I I I H N N N
C R I A C C A S T E L L A T O
O O S C Z F V T O O E Z Q E C
M I C R O F I L M A N D O R C
O L H I O H G U E L F O B V A
D H I S O D O M I T A E R E R
A R A P Y Z E B R E M Z D N X
T Q R I O F A R G O L I X I X
O H E N P M K F L H U X A R V
E E P O P R A E J K X U V E T
```

Accastellato	Ittita	Scomodato
Asdrubale	Lipoma	Sodomita
Azoico	Microfilmando	Stinse
Crispino	Mischiare	Sunna
Dura	Mole	Titubato
Eire	Nido	Toto
Etico	Ogiva	Trii
Guelfo	Oideo	Unito
Ibis	Racconciato	Xilografo
Intervenire	Redo	Zebre

22

```
O C Z Z L S N U D A T O W O O
D O G E O E H D O T O P A T R
U M W Z V U D T H Z D B A A A
J P I Z Y A A E A I E I M M F
I R H O A Z U S R O G P S A A
A A O N Z O F E P E I O S L O
U T R O F I T E R S U S E C E
T O R E T E L F T Y E C C S V
O I W T P U V A R I Y Q E E U
D U I R A L A C S D N H R B A
R C M N I C E A T D N X N P F
O V J A Y T C W G C E M E S E
M O N O N C A L O C I V R A L
O S G A O O R F A N A I E E R
F V F N N Y D B Q B X I N V N
```

Asfittico	Fauve	Orfana
Autodromo	Fregiato	Oslo
Comprato	Isacco	Rampista
Deve	Judo	Rizo
Direte	Larvicola	Scalari
Dirozzato	Nicea	Secernere
Doge	Nono	Seme
Erede	Nozze	Snudato
Esclamato	Ofite	Topa
Fante	Orafa	Umano

```
S C I Z M P G R L S F V A Y Z
I U A B M I O R U J T N Y N W
E T O R B E R I A Z A I L S B
M L R N A A R G T V R L V R V
R C Z O M T I E I D A A Y A R
E R E R K S O O T J R B S C Z
F U E A C U L E A I E P I I F
R P O E G E E Y X V O A M L A
S I V E O L P N I E R P U D E
S A T U R P O I M K B V I L Q
A F N I O A R I Y I E M N A U
E R J L B O T S C Y T I L C O
V U F Y Q A N E F S Q U T I B
C F V L L K O M I D Y M O E V
V O B U C U C G F V B S U O M
```

Aequo	Etiopia	Rupia
Afnio	Ferme	Sciolga
Agisce	Floppy	Sperma
Asia	Gravabile	Suon
Aspo	Item	Tarare
Bali	Ivana	Taxi
Bice	Luca	Timeo
Carato	Orze	Vietare
Contropelo	Rote	Viole
Egeo	Rufo	Zaire

```
V A P Y K R E O E E L Z W H A
F O V P F Z V C T T U M A C H
Y A M V E R E R T K N C X D E
A A U A I P D E O H A E L I D
I E D N G D J T N B M K A B O
N O R D O O E E Z G Q J Y R R
O O Z O Z N S S Y S O I E L F
P S V A T P O E H D D S L P Z
A G L E O A B G L A S A G N A
M W T R E A R A G O M T Y I E
Q O O A R D U O M E I I O R Z
O C R E T S K S V D S M A L I
A O C R E O T H H I I E S D S
O T A G A C N X S S D S I Q B
E E O B S I O C V I M V Z T W
```

Acoro	Esogamo	Nord
Aponia	Etnea	Notte
Arduo	Fauno	Nove
Avvide	Frode	Pece
Cagato	Gesualdo	Seggono
Cote	Ideare	Semita
Cretese	Lasagna	Slot
Deve	Mach	Smossero
Divoratore	Misi	Sterco
Elga	Morrai	Vidi

```
G I A S L I Y T A O Q Y I O C
A S C O N C R E D E R A E O D
O A I H I I L T A N O V R L P
D P T Q D D I P L I P R B P I
A B U C U A I V G C B A Z S U
U G E C I L C D I T S N L Z Y
O D T Y I C X P S O S N M Q W
A P I O W Z L E A Y U O H S F
J I F D U M C I R A M P A R E
O F N P M I X Q S A R A B L E
I F E A P K N O U M R T P F V
R E T A R A L I A V O E P Y M
O R T R C U R G I J A I T R I
N O R C I M X O R A R D X I L
O G L O C C E R H M M L A B D
```

Acme	Cupo	Nicto
Adalgisa	Dici	Ocra
Apice	Dieta	Onorio
Aralia	Enfiteutica	Piffero
Aucuba	Idio	Rampare
Avranno	Ilio	Raro
Ciclismo	Iterare	Tano
Clic	Iulo	Tric
Colgo	Laos	Urania
Credera	Micron	Vada

```
O C S O C I N I G G V A G G U
Y S D D Z A J P P U R R R H W
Z O S N N C W P A X H U D E E
O N F A Z R N S R I P T R R Q
Q D G C L A V W N P E A O E R
N A N C V C M D O O M T L M Z
P O I E O K I E L I O N B O Y
S X L L T I Z R M S U O O T N
O R E O B N I K E O N M M T W
E I F G R G E T W T E M P I A
E R E M E R P S U R B S J F T
Q Y R M M U I D F O I I C P N
U I P E Y K L P O P C P M B Z
O K E P S S C M Z I E S X L E
P O R J N D A Z N A L U B M A
```

Ambulanza	Isotropia	Scout
Bice	Lasso	Sentendo
Colei	Leccando	Serre
Cracking	Lord	Socini
Elio	Mimare	Sonda
Eremo	Montatura	Spremere
Eroto	Nave	Tempia
Girlo	Pagana	Thug
Gruppo	Pirrolo	Timo
Hindi	Refe	Zoom

27

```
Q I G S K J K B I S A A T C U
I E L E T T R A C V B P A E A
L M B H O S I A L R Z C X L Q
U B A L D A R B O N I L A I W
I C O M P L I C E C I U Y C I
X G H G A S D C L T T P Y K Y
B D V K O W A I O O J O J T O
O D N A I C C O T R A C S J L
L A O V L O E H A V O O C Y O
L X C O E U A G D K Z A R E U
O Z F O V L Z I T T I R E G Z
R Z D Z P L V Z E G O G N A Z
O I C C A B L V W C P A N T A
A I R A Z A Y G O Z U N A P M
Y E O N A I G I T R A P Y I V
```

Aciclico	Ebbi	Poco
Aido	Elettra	Renna
Anta	Ialino	Roco
Azaria	Imam	Scartocciando
Baccio	Iridacea	Tibet
Carla	Izba	Ubalda
Cile	Lanka	Velio
Complice	Lauto	Zanna
Corba	Mazzuolo	Zare
Coro	Partigiano	Zittire

```
S U T C I I U B R T D O F G W
L O E A D H R X R D S B E G A
Z T R I N C A R E U D I N N E
J A O T A L O G E B S I K K J
H T T Q Z O J T E C O C E R P
A N A S D C T A O O V M H S A
T E C N O C T B Z D M I U E O
O T I P G I M U P I T L M Z T
P S F L M E O D T C L Y O J T
P I I A D C L O U A Q M U S A
E S L Y A S E E C Z N V R T T
U S P O R C H E T I C C C R S
I A M I I L O T A T V J E U J
V T A X A C S I R H A I P U T
U X N S T N Z G Y T K J C W T
```

Acido	Dies	Omni
Amplificatore	Dinne	Pian
Angeletta	Dubat	Play
Assistentato	Ecru	Precoce
Bega	Humour	Sceicco
Begolato	Ictus	Sporche
Brusche	Idiota	Sulla
Civico	Ilota	Tatto
Clou	Islamita	Tecno
Daria	Mole	Trincare

```
G L M A H D I S T A H E O I A
N D I U G O L I A O M I F N I
D O R M P C F N X T H S F P L
X B A R A O N D A A E I P Y G
N N N I N R Z F D I I E Z Z E
M A D T J G E L E C S P Q H P
J V O V I A D O F S I S M A M
O S B E R T I I O N O P E E J
A R A A S Y N A N E K L S O T
N M E S S I D O R O I E F R L
X T W Z F I B C S T I L L E D
P E Z Z E N T E R S E R L M L
K L E T L I N O E U X P T C Y
R L A P I N C U M D R I E O V
O Z E X A G Y L N G I N P C D
```

Agro	Inno	Petraia
Baraonda	Iseo	Pezzente
Basito	Jeep	Sciato
Cortile	Lapin	Sisma
Elia	Limare	Stille
Enna	Loess	Tempia
Feso	Mahdista	Trioni
Glia	Messidoro	Viado
Golia	Mirando	Zelo
Infimo	Ontosa	Zero

```
B O N Z O O I E V A D E R E Z
V X I A E O T S T V M E C X A
D D F C S D O A R E F I V U N
W L U G J F E R R I R I L A E
A L L E M R O F X R N E Q T H
Y I N S R P R A G I E U A N C
W O A S O F F I C E E T X O A
I U M O H E E I F K W B S T R
P E N S A T O R E A W P T E I
T P V O I I I G W E D E T O C
X K O N P N D O I T N A T S W
N V S H U E I M L N C E P Q E
C H M L B M R T E T F W Z S D
J N T B D F H A A B D K C M P
D O O A V I L O D L Q E C L D
```

Alfa	Frase	Orfeo
Attenne	Freud	Pensatore
Bonzo	Gessoso	Spada
Debbo	Inulto	Stantio
Deva	Ione	Sterrato
Eterea	Irachena	Teak
Evadere	Latinismo	Ulna
Fede	Note	Unirsi
Feto	Office	Uvifera
Formella	Oliva	Vinicio

```
A I L G A R T H J O I E Y E Y
O Z L O N M E C S O N L L X Q
H R O T T W T O L I D I A C Y
J O E I I R Z L M D O S X G E
J Q X M B Z O O D U T E E M O
E O Q H I P E M C I A N A E R
O C Q B A F P B I B I R R S G
A A G M K G F O R R A A O R P
I T A I R O N E C B R T P L S
D R A P P O N E U U M O Q C D
S A T C P O C T T P A L Y V P
C P E F N O M A I S B I O S G
I S S G A D N O I F O G Z G I
Y I A P C S X O S I S S A B B
A L J S V Q E P T E X F L K A
```

AIDS	Esile	Noria
Apollo	Fionda	Rame
Assiso	Forra	Rimorto
BIOS	Iato	Seta
Bizzoso	Ilota	Siamo
Colombo	Indo	Snaturare
Cric	Izba	Sostenga
Crine	Lagnone	Spartaco
Drappo	Lago	Tibia
Effimero	Marabut	Traglia

```
M A C H O C I R A B R E P   I E
O B R L Y R H J L V Q F V R U
R J Q A B B X O I I Z S R O C
A Z N R R Z M X T E T R E N O
V J O F R E G N E A U C F I L
O B T I O R E T N E N L F A O
S A A T Z T N T I W L A B A G
F A L P A A I A H B R L B D I
Y Q L P P A N R E U I H A F A
V B O S U P Q G T M G Z R G T
Z P C R H T O A I E L O A O E
T I N O T D T T G E D K G L R
P S I B P S A O N I R I L O E
Y A C S I R U G I N A L O V S
A I O L I B O A T R I I T A O
```

Agra	Eucologia	Ottupla
Alite	Galle	Pisa
Arare	Ignazio	Rino
Austro	Incollato	Rodi
Avolo	Iperbarico	Tereso
Banato	Ironia	Tino
Blue	Limitari	Tolga
Choc	Listatura	Treno
Detrito	Loia	Trii
Entero	Moravo	Volani

```
L A I P M E E A N M S F U Y L
E I I S D L R I O B O W F B S
G N T S I O U T N A M P E X R
G W V R T I B W I B L J X U X
I C A T O H X V T S A V P N O
B B U O N G U S T O E P O N N
I T O R T I E R A S I I N O X
L U D E B A N O S A U A E O Z
E T N I Z F T I K S N N T D Z
O Z G A C I R U M P Q T A J Y
V O Q K V C L Q M L I A S M Y
R B R I S C O L A M S N R K I
K F Y A Q A S Z A G I D J I Z
W N R U U T M T I J T O I J Y
B Z Z X F O E I M S V Q O X F
```

Almo	Expo	Ottimate
Alvo	Ficcato	Piantando
Ampex	Igor	Ping
Ascrisse	Immutato	Ruppia
Attino	Inox	Tortiera
Barile	Iole	Tsunami
Briscola	Iraq	Tutt'ora
Buongusto	Leggibile	Unno
Ebano	Litro	Urica
Empia	Neon	URSS

```
D V N A G O L O I S A M E S H
A C F I R P A R O N K B R H H
X J O G M U T A Z N E C E D C
M O I O V M S T M V V S M Y A
O A M Q A E I A O S O R E W N
S A I C A R B C F L Y F R A A
T N S Q W B B O V E I Z F G P
O Q E R N I O S O I L G U O U
E G A K N I L P Y F J Z O R C
A U T G Y L V E U W Z P E B C
T R F O M I S O C A O O X O I
A L I T S O P I T O D I D L A
W I I O U N P O L I V E L L A
N O A Y L E F G E R U S I A Q
D R E G G I T E S T A U D P J
```

Aguzzato	Felze	Oligo
Allobroga	Fremere	Olivella
Bracia	Gerusia	Orgia
Canapuccia	Ines	Paese
Cataro	Ipostila	Pool
Cosimo	Linkage	Pouf
Decenza	Lobbista	Reggitesta
Ernioso	Loira	Semasiologa
Eroso	Mosto	Ureo
Esimio	Muta	Urlio

```
J E L G N I S O U B L K A F A
F T J I I H B R N O T S U A I
N H O V S E H U B K J A G L G
J E F C N O N R X R I H O E O
E H K N W M T D E C I N A C L
K C A S U T C I C O G D O I O
Y O D W R H E I M E I B G O N
S L Z X A N D O S A R M G E C
I C R T G I N S B A K B A E E
D U R A M S A A A D Q F A L T
M A T U O I S N I I A I B L O
O S G N N E P K O R D E H S I
N L I I N S I T O E E S L Q B
C C M O N O T E I S M O C C C
O C U O D T T O T S E M G K I
```

Adire	Dura	Monco
AIDS	Falecio	Monoteismo
Anice	Hawaiano	Monsonico
Arta	Ictus	Olbia
Bali	Idruro	Olmo
Biotecnologia	Insito	Single
Bridge	Lamio	Stagne
Cloche	Mesto	Tuoi
Cobra	Miniassegno	Umidiccia
Diabase	Mitosi	Usto

```
T K M O Z Z P A L L A D I O J
P A R J Z D A R E M O T R O U
E M U L A S S C R T B R O S E
P E V Q C O B R A I X B O N N
P L O K O A E I T T C C I M E
M I N P D P C X A A I G I V J
B X O D P C C O R G G E A I H
V Z F U A P A O D A L S N R I
Y O R L I U T O I A M P A E G
U E I O N X O P E A Z E I P Z
A F A A O B M R R H T Z R G A
S F C L M E E N C O G O O T U
P U B E C C H O T T U L S N P
B M X S R S N I H E A B U C E
X E N D I O L A O T U N A C O
```

Atone	Fume	Pube
Bonn	Gola	Rame
Canuto	Litote	Reidratare
Caro	Liuto	Salume
Cereale	Lutto	Sbeccato
Cobra	Noia	Scempiaggine
Codazzo	Onofria	Sfilacciato
Cono	Oriana	Soap
Daremo	Osco	Tiene
Eppure	Palladio	Xilema

```
K O D N A R U T A M A N V H D
R L C C B R A C C I O L O F E
E A T F J R O D M L U A O T O
P Y O N O N O F R I O D R C F
O T T A F X U Q U A R A U C O
E R T E R M S C A O I N C B Z
N V I V A I O E L T U A E A E
L I C E R K T T W E Q C D S U
X C O F N L C H E A O M A D P
O T I R A P S O D N A F F O L
I O S X H A I S O U I K U M A
M R O B M A M M P L O I Z X N
R I O S E U I R O I T N A V A
X A T B G C O P G X Z P D O R
Q S O N A T O R E G K M G A E
```

Altea	Fodro	Planare
Arte	Iarda	Polifase
Avanti	Loffa	Rauco
Bracciolo	Mambo	Roba
Canada	Maturando	Smash
Cloaca	Mega	Sonatore
Economica	Nucleo	Sparito
Ethos	Onda	Trait
Eunuco	Onofrio	Victoria
Fatto	Ottico	Vivaio

```
E M H P B X O T A R A N T O E
Y C I A O J D A N F O R A U W
W R U C P O V A V R E M O L G
S L I J R D V C M A R Z I A H
E D E S E O R E P V O B I T O
D O Y G C N N O P T G Z N R U
T T H E O O M E S J C A Q M E
C O T J S I T E T O K A J P E
B T C L T G S I D O R O I R O
A A O A I L E M B B N S B W E
O T V X T T G D O I T A C K C
A I R G U P W B L A L V L V O
S C E B I O G A S I F E I I B
J E N V R A L I T A N D O C S
Q C E A E V C V M V E D Z C D
```

Alitando	Kant	Rodi
Anca	Lino	Sesto
Anfora	Marzia	Silano
Avocetta	Microne	Slot
Avremo	Nilde	Taranto
Baule	Norme	Tilt
Deva	Obito	Tokaj
Egoismo	Odono	Toto
Epistasi	Precostituire	Veio
Ioga	Riscotibile	Vide

```
X U F C O A B R Q O O T L O K
A U Q E M I N O I M F O M A F
O M U S L O C A A L S R I G I
L R E O A I U M O M I R S V A
E K R E P G W U O M T W J Y B
T L C P Z G F S X E M P I R E
K P E Z U R I L M G E E A B O
Z T T A Q L Y O U O L L R R S
S X O O R A N A G R O A F V S
Z L B G U O T A E G I K B K A
H G F S Z L O J I C I A R F C
A M S O O M K C A C I O D L I
N R Z C I F O S I T E D U J P
Y L S P G J I R B R A C O R O
P N O A G F O V G A R D E N A
```

Acoro	Elea	Opimo
Almo	Empire	Organaro
Alogico	Equa	Osmosi
Arsa	Garden	Ozonometria
Avremmo	Gioggi	Picasso
Cacio	Gioia	Querceto
Cece	Guaio	Scolta
Cifosi	Ildo	Steppico
Ciro	Irmo	Sumo
Ebraica	Mamo	Ulna

```
J W J P I M O N I R O M A N S
E D F L O N O C I A M O I L E
B P K S D V V X N U A S S G T
A B S U A P O E F K S E L V T
L I Y K T R G T N B U U M Z E
A T R E O O L O N T T L A D Q
U V B S Z O O U C E A X A L P
S Y S I D Z L Q O A M T R S E
T E A A T E O L O I C R O O S
A R K Z C F C R I S I A A L M
E L J L M F I I B E S I M I X
G I A C I I T Z D J F X E A W
F O V G T R R E Q U I S I R E
A T T E D O O C E F O B I I T
T V C M Q R X Y C A A Y L O G
```

Amorino	Iodato	Orticolo
Armento	Macaco	Ossia
Balausta	Matusa	Psoas
Crisi	Mise	Quote
Deciduo	Negoziare	Requisire
Elio	Nociamo	Rilke
Erta	Nova	Sette
Gala	Odetta	Soro
Gluteo	Oliario	Usuale
Inventato	Orciolo	Zeffiro

```
X O Z F A X N X O G O V O G S
E N O D E P O Q C T D S R L N
A A A L T X B L L S R C E X A
I G O U I O C U L A T O W R A
C I N Y M V F K S C H N B V P
C L V A I A I F O R E S L O C
O U I E L O C O L S U E G U A
R S T O R C E H O H S R Q I I
Y L T S Q S S M I Z A V G Q K
N A O W V E O Q A A T A A D Z
I A M M A R G I T A R T S D M
H X A T F R O V E R E R V T H
I O Y O N I L O S K S I E L Y
Q B A F O B K Q E A K C I N W
G H L T O M B A C C O E Z A A
```

Argo	Limite	Ragia
Auge	Mais	Rena
Birresco	Maya	Roccia
Clan	Naumachia	Selva
Colsero	Oculato	Setaiolo
Conservatrice	Olivio	Solino
Erta	Orso	Stratigramma
Esomorfo	Orto	Tombacco
Iato	Pedone	Uligano
Iole	Preso	Vitto

```
B Z R E T S L U K P T G F V L
O T A G A V S U B Z J E S F Q
Z W G D I A M R I E F D N H O
Q A E R G A B Y U X C E G E O
Y T M L A P A N E P A O K D A
R E R A U Q I N I O C N O A M
E R U S U H T L P M O E G R A
P A C E F A L I A T B J N Q F
S N X S G A Z R A Y R O O E W
K R P E T G Z R K X H B R Z H
P O H O L A U T M C E O M P A
O D G L O A Z D I S C X A J O
C F S G D L V S A E T T I A E
E N O I Z A V I T T A I R Z R
H P E T R O M I N A M D Q Z Y
```

Acefalia	Manimorte	Pillato
Egeo	Marza	Riattivazione
Egra	Mega	Saettia
Expo	Napalm	Svagato
Feroce	Nimbo	Teda
Gedeone	Nivale	Ulster
Iniqua	Obesa	Urato
Irma	Onco	URSS
Jazz	Ormai	Usure
Loop	Ornare	Water

```
O L U I Q C Q I Q V I V Q O E
A A F A S T A N G A T O B L M
O C S D F L R F K A T E A L P
O D A I N I S S I B A T S A H
I X N L O W C R I L A R A T R
T N J A T A E I L F A D E S N
E E F Z R K A U N N O R R I E
G C Z B O T I F A T O R I R P
Q R M C U O E S C N E A C C V
L O O F O R E M O R E N R A Y
Z F P A L R R L E E R M S V F
D A O P A A A O J L W R U A P
J G C B U Z Z O M G E H C L V
W I P S O Z G N Q N A T O D C
X A L E M O N P E Z M I U R W
```

Abissinia	Futa	Nero
Alida	Geti	Ombra
Baresana	Intensa	Piera
Buzzo	Ipso	Skai
Cokeria	Iulo	Stangato
Enza	Lavacristallo	Telemetrando
Esatta	Lazo	Test
Fatale	Lumen	Tifato
Filari	Nato	Torrazzo
Forca	Necrofagia	Zuppo

```
P S Z C U P B M E U I U A N F
U L W O A J W U K H L A B O A
N U V G C R L O Q X G C I E Z
O O W T K B I H T L E S O T Z
D Q G O R X D S A U N A F R I
N C R O E G B B T H F R T O L
A A E T N N I P N A H F I C W
R Q T R U G O L A G T D A H O
E T N I C O H I F E E O Q R R
P F E Y L J E M Z R C G A W E
M A M I N A R P X I I I J K B
E Q T E E J M R I Y D I P O I
T E S T I V A U J I T N A V A
S Q J L K L Q N R R N L I X C
I M I L G O T A V P D W C H G
```

Anima	Foiba	Negli
Aristato	Frasca	Oolite
Avanti	Gong	Picea
Bioherma	Ibero	Raro
Blue	Impruna	Ridia
Corteo	Indizione	Stemperando
Dipoi	Ioide	Toglimi
Enter	Irto	Tuffare
Estiva	Leso	Ugola
Etnico	Lizza	Uovo

```
U D V F V B E C E R E S C O E
P E M O O H E G Z S O E M A X
O K F R Z J V E Q H E D F L F
R J E E T U L A S O X A I O T
N Z J A V B L A R N O O X A K
O D N I T A R G G T W P L S L
S B M O L A T R I C E I T E U
H O P U O I E U Y T P N Y R L
O U L R E G A P Q O Q A U B F
P X E F T L A D U M T N W E B
A B L P A I O F E B J D R H D
I M B O T T A T O O S O R I F
L O Z E S A O L X O G B C Z P
E T C T E T N E B I O C R J K
I U G N A A M O Y I O Q K R E
```

Arno	Ibla	Paio
Beceresco	Igor	Pornoshop
Bresaola	Iliade	Pouf
Coibente	Imbottato	Pupo
Dicco	Iroso	Salute
Elia	Laido	Solfato
Eptano	Molatrice	Tata
Estate	Motu	Tenue
Gratin	Oleum	Totem
Ibero	Opinando	Zero

```
W D F N T O L T R E O W Y G X
P K Z P O O G O L O G E R T S
K O V V R V X K D A F A U N A
L G A T I C G J P D G X C B S
E E C S O D O R A N D O H S C
I N C L X G E A O H S O A E E
W O O C L J E O O V R Q S N R
D R R G O V S O U W H R V I A
E O C W R M T S D I A E N G N
I L I A A A E R E K I T A M A
V R A A R Z T E C E F M E A G
E P T T V D P T V Q R L T E N
H H I S O F O N O O I E L D A
F C V E R O N E T V G W I E M
J E O X D S P F S A K Y K N O
```

Accorciativo	Enter	Tale
AIDS	Esca	Targone
Asce	Isofono	Tega
Card	Kilt	Tenore
Ceduo	Manganare	Torio
Citrato	Odorando	Torma
Eccome	Olore	Vaio
Eden	OVRA	Video
Elda	Ragno	Vile
Enigma	Stregologo	Visco

47

```
L O E R A B M A R T S K G F J
X C D T G N H L V D J J O X W
A I E V A L K V E R O T O S C
C D I X M W T B L L A L C K D
C U I S Z O B E O T B A I E R
A L A B I A P H S I W C T O D
P R T R I Y P E E C O C A R X
P L O O E R T S N M A U I D A
O A W D K N E V A D A Z J I R
N S O R O F G G Z P Z M N R O
A U N C X L R O H E J O A E P
T S N O C E N D O C T B S O D
U I R S P X E Z J O I K L G F
R D M V T Q O D M O R F I A N
A O R L A S N O F L A A M K I
```

Accapponatura	Foiba	Omotonia
Adibire	Iato	Oocita
Alfonsa	Incontestato	Ordire
Arengo	Ludico	Orio
Debba	Naif	Pergamo
Disusa	Neon	Soro
Dolio	Nevada	Strambare
Drizze	Nocendo	Tosc
Esca	Odor	Vero
Flop	Olbiese	Zucca

```
U R L Q O P I R I T I C O R O
O T U C M N V I K D O J E I S
N E R B I C V R R Y E L G N O
I N N O T E F V A T L R N E R
C I R L E V V W S I E Z I L E
L G N O H L P I S I D E R S N
A A L K H R O S E P S M A O O
F L F I X I E A G G I Q L N Y
C I F O T O D I N A M I C O H
O T T A R S U R A G L P E P E
S R N B A C D O Z F T L O M U
U A A D O C S N I X F M I W P
N C R R W Q Z R O U F L X C Y
S C P O L I E N N A L E R C O
G E U W X S Y T E C V J Z S S
```

Agro	Gallico	Piritico
Alcino	Horn	Poliennale
Bolo	Inno	Quei
Cartilagine	Iside	Rassegnazione
Coda	Laringeo	Ratto
Deriso	Natio	Scabro
Ellisse	Nelson	Scrofa
Etimo	Noria	Spii
Feto	Oneroso	Stil
Fotodinamico	Pepe	Trii

```
S Q L O J T S D C O L T O M W
B E E C T M L S T W N X O T R
K H D E L I X U S O N E C L O
A G A D D N C P K N I P H G S
S A R U T A L O T E S R N C A
P R A E I N L C O P E I O V R
E U I H M E E O E S R D P V I
T N C H S A G N Q U I R I S A
T R T E Z I R G H N D J E P E
A S L A E R R E O E U I P U A
N Z I Z S L G T D E A E T M U
Z O P K X I S R I G S S X O M
A H S A B E O O A A E S W R H
E L I B A R I P S F P V A E X
R Z A E U Q A Y N C K O W I H
```

Appesa	Ipse	Remare
Archiacuto	Iris	Rosaria
Aspettanza	Lipsia	Sabeo
Avorio	Niet	Selz
Codino	Nuraghe	Setolatura
Daga	Ogni	Slot
Entasi	Oocito	Spirabile
Esaudire	Opus	Tris
Essai	Pagaie	Udito
Inane	Portegno	Umore

50

```
Q N L O G I O N Z S B W O F B
O Q Y I H I N C U D Q Z I F A
Q H O L J E A V W G O T R O T
Z N J G E L I S E U O U E M A
E D C U P B G G S R G H T I A
O T O R Y A I Q D A T G S I B
V V U O T I V O L V L E S E C
O O I C T C I E F M R I N F F
A R E G A P R E S E L P S D I
P B C E O O T U M E T I X C O
O E S L M R O P M E T R A H E
G H E I C U E I D R E L M I T
X K H D X R F A Q F F A I A B
S B I N D E A N E N D K S V V
E S X K C A R C I N O S I Q Y
```

Assalisce	Frugale	Shogun
Carcinosi	Infume	Tempo
Cebo	Invertendo	Temuto
Crac	Isba	Terio
Cute	Misi	Tordo
Ebro	Pavese	Torto
Edda	Pian	Tory
Elisia	Pirla	Trivigiano
Eresia	Ruglio	Vigore
Free	Serpa	Vito

```
P X O N I T I V J A X Q R D F
C E F A L E A C A I L O S O R
H U U H J V A I D G K F O R A
T Q F V U F X L S O H A C T P
I O T A Z Z I C E L O S I S P
L C U E G W X E L A K L T O O
O D N A D N E M E N D E E V R
R N Y P D N I I V I N D G S T
S O T E C I N A A M D N N T A
O O T A N I C I T A V L A U R
L P R E T O R I O T M P G I E
A I J R U Z T E Z I S R O R A
A G O T Y Q O X N V O N D H Q
A U X U R A L L E R O S N R D
W X E C T Y S O R X B T I P O
```

Aniceto	Noir	Sten
Aria	Orsola	Tipo
Cefalea	Pretorio	Toga
Clic	Quai	Tuoi
Coque	Rapportare	Uadi
Edda	Renzo	Ugro
Elsa	Rosolia	Vaticinato
Emendando	Slot	Vitaminalogia
Indogangetico	Solecizzato	Vitino
Levato	Sorella	Vostro

```
S U U I Y B J A N K B A O H O
Y C G I A C C I O N O G G C N
K O T I D A C M H M O O I U E
R D M N A R R K I T A M R B R
I A A M A T A S B E A S U I E
O R D T C A S I S G I R G O P
Q D N O D T I G R N N T I L B
Z O E R A M M O G E G U A L D
E C S I R R A G O C H O D I O
B B G O E L O E T T I G A T O
O F V N S E U S Z A M O E T
L T R C I I E A I H I O Y R A
U E O L M G D T S N E R C A D
M H V Z L O I O E U Q D W Z N
M M K E A I S W T D S A G Y A
```

Acre	Garrisce	Onta
Andato	Ghiaie	Orda
Azoto	Giacciono	Piro
Carta	Gommare	Rand
Codardo	Idra	Ruga
Crasi	Igor	Rugiada
Diamine	Mulo	Samoa
Drogheria	Nursing	Sisto
Eburneo	Ollite	Tese
Gamico	Onere	Todino

```
E Y Q F Q M T S O I Z N I U Q
E G A D E O Y N B P V A K K Z
A G R O V Z D E O A G U R A I
S Q I O D V C T I D V A L A U
S U D E S I T D N N O A T O S
I C A M B O A N N W C A R S S
D K H I N N M R E S L I L E E
U L V I A V A I O O N L N E B
A L C P Z Y D R C T A I R S B
X U X B O Z D R K M A O X K E
C O Y G O I E W A C M L X J R
T W K P V P N T U I A E E K O
V L Q S O O U T T D X J D S Z
T E T N A R A G E O M U S I G
N C R Q A D S M G R N P C K X
```

Acuta	Ebbero	Opercolata
Aido	Ennio	Pointer
Arida	Garante	Quinzio
Assidua	Idroscala	Rotale
Atos	Incinse	Ruga
Beige	Jack	Sbavare
Cimoso	Lamatura	Schizzetto
Crepon	Nadia	Sumo
Cucinotto	Nedda	Timore
Drop	Nodo	Vibice

```
Q G I N D E T O N A N T E S K
B E A P O R O Q M P G F R D C
B N R M E S T I P O L A I S K
W O Y B P R I O Z D I I N O Z
F S U G O R M N T N Z E T X H
R N U F D G Y E Z A X T D W T
B A N E R I O F T T I D A D Y
S S T A V O L T A R N X L P A
M B J I T G O K A A O D I J E
O O A T X O C E T U T P A J U
N R O H I O I J A Q V O I A F
U M R C B I T O D N R I E C H
L I R O I N O D N I D R A I A
S O R D B Q A W O I U S Q L J
W O C C I A C I S B C P O Z E
```

Aborro	Indetonante	Orio
Bormio	Inquartando	Orobo
Bureau	Ione	Oropa
Caicco	Ipermetropica	Prof
Caotico	Mito	Ritto
Cino	Motto	Sansone
Dalia	Nerio	Stavolta
Dindon	Nube	Stipola
Edda	Ondata	Sugo
Iato	Orcio	Viale

```
F J H Y N C O L O R R X D U E
P V O I O L K D O V O U N O A
M L U R L W N I T T M O T I V
E L E U L A F R T R A A R A I
O B N G I S Q U E T M T Z Q G
I O A U G P I P R M I A T P E
Y M B W M E R O A C D C S E N
O B B Y I U S I F V V C A L T
A I R Z I H F T A I I N R Z E
V C A A M N K F E V S N I Z O
I E D U I B W O O Z A S G T X
K H I V T D C L S V A I A Z H
E U P N N O A E H R P C V R U
T G O D U T M I F E O Y P F E
K Q B M O G A A W L O M F F S
```

Abbuiando	Faretto	Nullo
Afra	Fissare	Nuovo
Agira	Gamo	Ruta
Amor	Ibero	Scivolato
Automa	Infiammato	Tettato
Bombice	Ittica	Tria
Bradipo	Iulo	Viavai
Color	Leggeste	Vigente
Dirupo	Locato	Vito
Elsa	Muffo	Yole

```
K Y A O G J Y C C B A S A T O
Y T I T O B V O W D I J V V J
W L G V M V L A I D E N I F A
T U I O Y L O T I M E R T Q B
H I U S I A O R N Z M G A E F
O E L E T T A A W U W A U Q S
R Z R A B I O M Z N M A T T Q
L O Z E P J R X A L P N T S H
S O U E O I P A E R U L E E R
T L O J M U S Y R N N C C Q R
P O M T J L A S P E S E C P Y
Z G R Q M U O A K E R U E E A
M I I O T A R T E V P R C K U
M A C I N A Z I O N E B S X U
O Q V G L B B O T R I D I O N
```

Adito	Inedia	Stammi
Aspro	Irmo	Stirare
Basato	Lapis	Tolmezzo
Botridio	Luigia	Toron
Collier	Macinazione	Tremito
Dirai	Marne	Trim
Eccettuativa	Marta	Urea
Eletta	Rovo	Vetrato
Eros	Spese	Water
Eureka	Squaw	Zoologia

57

```
R A U E Z B O F W U A P T O A
B I S R S R B B L T V W Y I I
S A U T C A B W T U K Z H D S
H T I A I A E O G J O N X I U
D S S U A G D A M L H R M D J
Z E A A B E F O L E P B O R E
O R F I O N R O S O R N J O O
E C N N L D Y A T A U P T J O
P P E E A O D A N S V I A T W
M U P G T U L A X D F B A S N
O O F U O E T J Z O O I E K O
B E R E R A R O R S V C R Q D
G R T P E E J E F V A A B C O
O M I S E N A G A P O E N V S
K Q Z G O Y C U S W F P T O O
```

Acro	Eprom	Neopaganesimo
Aerando	Erta	Nodoso
Aerofito	Etere	Oste
Agendo	Eugenia	Raro
Aiuola	Fluoro	Sapremo
Avviato	Gauss	Sciabolatore
Crestaia	Geco	Space
Edotta	Idro	Tale
Enfasi	Imbranata	Vano
Eppure	Jeep	Vaso

58

```
V O L Q E E O W R Q F O J V T
F T S E S S A G E S I M A L E
R L F R B Z C Y T A V P I G V
E F O R P O A O C V A G E O A
K T N P I L N T L A P P A R E
O J A R A D A F R L P M T K O
P A L V G P O E O O I I W I T
E T U C S A C N R A E N R S I
C T K Z R L I R S R N N A O J
O I F F L M D I O B O C W T C
V N L U A A N H I J G P S I O
B N N C Y F E Y B J Y A M R Q
Q A I I O W R F J P U G L I A
Y I U L V G T U S N L B P P M
Q G K E V T V S J D J Q S S E
```

Alpe	Folk	Pero
Appieno	Frido	Poker
Avuto	Fucile	Puglia
BIOS	Gianni	Scollinato
Caio	Imporre	Sessagesimale
Camino	Inno	Spiritosi
Clic	Lappare	Torse
Coana	Miasi	Trend
Cute	Nobel	Ulano
Flop	Palma	Uvala

```
A I U Q Y F O J M C E R C I I
S B A O M I U T K P Z T M X C
U J O T V I O M A R D O I O A
C T H A S X R N V G S E A M F
O G J B O F L E I E E N S S O
E G D A B C N O C T A L I I N
E L Q L V E S S M A A R I O I
B I B L L R W T X E I G E R A
N E Y I E E Y O K A R P A E T
F K X S N U J M A I M V S U G
A G I C I O M I T U T U O I M
D A S S T O F A U R L R L D D
N O C N I C S I I E L U F G I
T H S A V D Q K Y O K B X K C
O U G Y O B E V C O R E T T O
```

Afonia	Eroismo	Rilegato
Agatino	Esule	Rube
Badge	Gaio	Sceso
Coana	Gluma	Scinco
Coretto	Iside	Sian
Desii	Lenitivo	Sillabato
Dico	Miasi	Stai
Dispiaceri	Mite	Tuorlo
Dovremo	Neostomia	Ureo
Elfo	Omar	Xilene

```
X R I C A N A L I Z Z A T O T
Y E Q O C U N E O O D N O A A
M B C E M S B T D M A J L Q C
O C G I C O A Q N R L M S E L
C T M D Q L N N A Y U K M M O
I M T A E B S H N D R S O O R
T L O V B S O N I C O N O N U
S W A I V V U S A K T I S A R
I H S T O V W O M E L I S T A
T D O U A X K S M D E K I S T
L W R L A O C C A L O P D E A
U H A O D L O I L O F Y I R R
C F W V S U L O S N D M A P G
C Q V N A C F E C A R B N R F
O T S I M R I N A M I D A R E
```

Aclorurata	Inamidare	Prestanome
Ammainando	Involutiva	Rava
Brace	Mano	Ricanalizzato
Colf	Misto	Suvvia
Culo	Nocino	Talmud
Druso	Nomo	Torula
Ella	Occultistico	Uovo
Folle	Omelista	Uvala
Idrosci	Ossidiana	Velato
Ilda	Polacco	Volt

```
B V A U F P E O K E H R I T A
M Y O N B Q I T A V C E C G L
I C C W G A T A I A C C U S A
A B I A X L E H R C Y A A T X
T O T C P P I E F U L I N C I
R F E D E C R C H T C A X N V
O T T P O A B E A O E S C E A
D A C F R O C I O N E A E I T
D L P U Q T S S N I E D C R O
L M D F H K E A Q P D S L W F
O O P Q N S D B P P D Y I A A
I S S E D Q F E P E A I S M U
E N I S O M E L E I N O S K O
G E L V I R O L B P R D I H Y
W M T E L O F A S E C B O J I
```

Accusa
Aiace
Anglicanesimo
Cacce
Calcite
Canna
Cave
Danne
Dessi
Eclissi

Edda
Elemosine
Elviro
Erosa
Esce
Fede
Frescura
Frocio
Inca
Iodurare

Isabella
Oftalmo
Pepe
Pinot
Rieti
Rita
Sapendo
Telofase
Tetico
Viso

```
A Y N T D V J P A D J P J F L
S V G S Q T O N O P O E M A A
P R E R T R Y P O O C T E X F
A S K G A T B T N M C R R X E
G P N O G S T O R P I E A P N
O Z D D L E C U J E S A C Y L
S R Y O R O L I H O G V I E N
N E D O R L U B A O R U F O T
A M M E A U P I N V M V I U L
R M E R L O T I A O C U R E C
I O E E E G M A L I B B T Q S
L C D V P R R L M M C R I I N
A C K O I I A D A M I A N A E
G A R R D T P O A V I S R X V
O S A O O B A G W K N T V B M
```

Arido	Irmino	Poema
AVIS	Lago	Pompeo
Braciaiuolo	Leggeva	Real
Brut	Lepido	Rovere
Cure	Merlot	Rufo
Damiana	Mollato	Rullare
Emma	Moretto	Sacco
Ermes	Nedo	Spago
Grascia	Nitrificare	Storpie
Immaturo	Odor	Vita

```
Y W Z R M Y A K O A L C A M O
Y A E A A O O D N E M E R G B
S W P R R G S T B D N C F O Q
V S U O O A F S O I R O T N X
A A I F M S U O U F N A L J S
L H C C A O R S D T B S H O H
E R E H T E B S D I A U Y M S
A T W L I U O E L I M F E R T
T X O M Z R S L O B B O D D A
I P S B Z R I L L N O C E F O
C R I E A Q T A L W I C S C T
I S N B N V S O A S K C P V Q
T A R I D A T O U O Z I O S O
O T V D O W E N T T Y D J L V
E C I R T A N R O B U S Z B X
```

Achiria	Hard	Pomo
Addobbo	Ictus	Reims
Alcamo	Illibato	Ridato
Aleatici	Lauto	Solone
Allesso	Loia	Sten
Aromatizzando	Noce	Subornatrice
Eros	Okay	Tout
Foto	Onico	Yoga
Furbo	Ossuta	Zara
Gremendo	Ozioso	Zena

```
M X F I B C Z G B Y P R H B S
V Q L H X E Q Y L Y D J M U Y
U G H S C A R A M A N T I C O
W L E G H O T E R A Z Z U P O
O P M W A L X O Z H B T P V T
N T A A H N A I R A F F I N E
A F A C O R D A U E V T S M W
F G O F I D E U G N A G O I D
O E A E W O S O R G A F R E E
R M P W P I L P R A I M O L C
A E E L S A D E L L N E A I O
G T M N A D U O I U K L D T L
C E Y I N N A R L T M O E E
O S O P L O C S K M G O C T J
X T H B R X E K V F O M K X M
```

Aerotaxi	Free	Onda
Affine	Gandura	Onne
Colposo	Garofano	Onor
Corda	Glielo	Planck
Dock	Lime	Pluto
Emofilia	Mate	Puzzare
Epeira	Mielite	Rodi
Ergativo	Nazi	Scaramantico
Fama	Nurse	Test
Fato	Ofide	Ugna

```
T R O J S Q E T T E L A P F O
I U D L O E X M W L N M R Q T
A O T I L L A T K Z V H Z T T
T L S S E P O S S K E T H N O
E J C B R W A S C O N V E O G
K D V A T G S M I J T X D F A
U U A R E Z I Y F L I L E I F
E Q N U R O A X O D E A O J K
O I N O S C A J Q A R C F C O
Q D E I H F U C S I A E O T I
O H H T A Z W O X S R R H H A
G N B R E S S I R T I N U M U
Z R A C V U B E U S T A S T G
Z S R U L F O M G H I I U N A
N O D E L L O E R I R R O B A
```

Aborrire	Lacerna	Ruta
Alca	Lisolo	Scifo
Bard	Luano	Solerte
Colto	Miosi	Sonio
Eluso	Nodello	Tait
Epos	Palette	Tallito
Fagotto	Risma	Teff
Fara	Risse	Vanne
Fucsia	Ritirare	Venti
Guaio	Rock	Yacht

```
H Y L C C C E R A I O L O B K
Q G F O I A L L E C C U W I W
C A U Y T R I B F K V L I A O
N J T R S T C H R I P S O S K
U N A T U R A L E G E C S I L
L M G O R S U R A N I O P M C
V G A C Q I I P E R T E S A R
E N A K G N S A O S P G E R R
G C O I O U C T R S B T H E O
J E I S D I S B A S S A N D O
A N S T P I K Q K T U E O F B
B A U M T S N D F U O R N G D
T F I N C A G L I A T O Y D R
F L A T E A G U I E X X N B O
O A J N O D M C T B I R Y P P
```

Antistorico	Gattice	Olimpica
Atea	Guru	Possendo
Attristato	Incagliato	Psoas
Biasimare	Ipertesa	Rais
Ceraiolo	Ipso	Sbassando
Ciao	Lisce	Tassoni
Cile	Lituo	Tetrodo
Cric	Luigi	Tuff
Cuoio	Marta	Uccellaio
Drop	Naturale	Uranio

```
J O I R S X A D A C I N O S A
C Q T G F T I R F P O L O P F
U A U A X C D A S A L L O O H
A N L U I E I F L F K S G E P
Q T Z W R H C X P B A R I N G
Q E L E T K C G E T A X Y O A
T R M U B W A C R C O R N I B
E O I A T O X I A O T D B S Z
S R T G T T C A F L T B V L V
Z U I A O E H C E I E C P U I
O U C M S R I R U H R P C P O
V N O I R S T O S C U V S I S
J Q G R F O I P S O C P E R B
O I S A C I D A A I S I N M G
R N X A M I S S I L P M A V A
```

Accidia	Chilo	Mira
Acinosa	Dicasio	Mitico
Alba	Dormire	Posatrice
Amplissima	Ebbi	Ring
Anglo	Erto	Ripulsione
Antero	Ficus	Scuretto
Ardere	Igor	Spelacchiato
Assuefare	Ipso	Tassia
Boccuccia	Isoieta	Tosc
Cargo	Magno	Ulna

```
F B F T A O X A S V J A O X R
R O D O I A C O O C L I G R A
I T A O S S I D T S I U U M
K C A R U S A R N H O B S E S
R E J R E G Z T O T F V H R A
K R T H R F B A T S B H I A I
S E X T A A A E O O I S T P O
S O C U S M R F R L S R A P X
E C S D S S E Q I U F Z E A Q
S T O O E I I Y G R Z P E Z C
O E A R L R H K S E I P S L F
Y D T G T P C U D U R A W R T
M I E R E A S A Q Q C J L D D
J T Y P A R R E S F U M A T O
I J M M C P E E L Q J B J Z O
```

Asma	Girotondo	Recto
Atrio	Lessare	Retto
Dura	Odor	Rialto
Egli	Partes	Risorsa
Equipe	Pedo	Schiera
Esploso	Pivot	Scortare
Etagere	Prisma	Sfumato
Etrusca	Querulo	Suga
Faust	Radezza	Sugo
Geti	Rasura	Zappare

```
U N A M O O X A U A O I P R H
I D Q V R Q L C A I E L H H A
W O O O C I S O R F E N E I E
A H E R M I F O F I B L T T T
I V G R X P F I U J G A D J L
I N F I Y N G V S A P N J E O
W L R E D I S T U O S C P X V
E O D N A D N A M O C C A R D
E M I T V E V E R N I C E C I
S B O O I O P S E O V G I V B
P O F N V S I P E R U S O A P
B A L E A R I L D C T S U G O
L E B R O D E I E I I L P O O
W U X B G M E C Y A E A O D D
W D I R I T T O A Y S P V K Q
```

Abbi	Iperuso	Orio
Acervo	Lombo	Outsider
Baleari	Manu	Plico
Baule	Mila	Raccomandando
Boris	Monade	Raspe
Ciao	Nefrosico	Time
Diritto	Nient	Toner
Effigiato	Norcia	Vernice
Elga	Oltre	Voile
Emopatia	Orbe	Volte

```
O N W Z C S T N W R J K U U E
E R U O Z E A O D T D F R C C
A L A E R T L M T H W X Y F I
A P I C O S E C O N D O F S R
R A B B I N I C O W I D S E T
E L E R U C W O C J A P M E A
F B T M X N I N A C O U S Q R
S O W T C A R C O M O O P O T
L O E O O I K N B V L Y O W S
B E U T A R I T A C U M L V E
O T A S U P R L L N F L E L D
H A S I U L T E O E U B T O D
Q L I S F E T N A F A O T E A
Z R E O A M M Z P R U E E R C
M R Z R F W L L E O H Z J L C
```

Addestratrice	Luisa	Sfera
Altea	Luteo	Sisto
Bare	Nefro	Slow
Beuta	Nubile	Sospinto
Closet	Ocra	Sous
Dote	Paola	Spolette
Etna	Picosecondo	Torre
Icaro	Rabbinico	Uova
Inaco	Real	Usato
Jack	Resupino	Zufolii

```
O R I S M A B Y G F P B A B E
C F O D U R C I A G Z W D W N
I Q I R C A C N A E T C N M O
D N D D O R T O G N A T O K I
O J E C I A E R J A C P B S Z
G W E B S S N N O I V O K Z A
R C U M E S M O V F Y Z Q E F
E X A Z R F V O C L I H X D T
A M O O L O E S C A N C A N S
W H K Z T O N E R I R T A E O
A Q B I V A X F G Z N P P M P
J E P H X Z V F S D E I I M N
E O D M E K L O S T R I C A E
N S O T E P I G A U J C E D V
D T Y I R R U V I D I R E E D
```

Alfia	Crudo	Ofidismo
Ammende	Dino	Onda
Apice	Ergodico	Ortognato
Arpia	Fantasma	Ostrica
Atri	Gipeto	Ovato
Atrofica	Ioide	Postfazione
Bianco	Irruvidire	Risma
Cancan	Muco	Roano
Cece	Norme	Tipo
Cinico	Offeso	Toner

```
E C A W B C C P O K S O T H Q
N A B Z I E R Z R I I S T S S
X T E A O T S I R C B S P A M
N A R F D A R I A A R A I A D
O L L R Z E F C C Y G O S Z U
E E K K A D J I Q O E E T N R
T S N J I O T N O R E G I E A
T S F A C I G N A I U D L T W
A I A M L I I P S E A A L N K
R Q W O A E R T Q S M D O I E
T H O S T A M T X S F U A E R
Y U T W T E E T B J X N R P O
J M Y Y S D S C V L R C Q E S
B O T T O A M I L E F O R N N
N J S G P E Q R T K I V C W S
```

Adunco	Dura	Ofelima
Aedo	Eros	Oolitica
Aria	Geronto	Ossa
Botto	Godet	Pistillo
Cacio	Intenza	Rage
Carro	Ipse	Saio
Catalessi	Iris	Spadaio
Ciarle	Izba	Spago
Cristo	Melaneo	Tarpare
Dato	Nerume	Tratte

```
U S M W M U T T H O I R Q W I
N W U K I X L Y A N K E E Y U
A X A F G A Z T C X B T C R A
U S G I F Y U B E N I T O C L
A C P G L I F S I L B I H G T
L T Q L F G S A E C A E C R C
O T S I E S A S E P A L A E A
R F P O N N M T O B X V L T D
A S X L T Y I A R U E A T O O
D V W O H A G O L O R U R W C
N O B O L I B C E O G A A S S
I S Q W I H G O P B R Q F A O
T S U K N S D I R E S T I H L
U A B E H B W K E L X A L I D
X L L E R A E N R O T X E B A
```

Achea	Etile	Ossa
Arso	Figliolo	Sahib
Batosta	Ghibli	Splenio
Beat	Gutta	Suffisso
Benito	Iuta	Tindaro
Bilobo	Lepre	Torneare
Choc	Losco	Trafile
Colla	Malo	Trave
Diresti	Obelo	Urologa
Dorare	Ortaglia	Yankee

74

```
E O V L Y Y O R E P O W O K R
M X N R Q U A V H N O M D V B
X G L O C F B G E T I Y L Q Z
C F L O F G W X U N R A I E R
H K O E D I V L O K E C T R V
P P R O D E T N D Z C I N E Q
Y M Y F M B A T L Y I T A L S
E A L K O S J Q O T L E V I D
B G N E N A I D A I G A A A A
Z T V J T E W N X B V U T R D
A H B O A E B A O I N I B T E
E Y P X N G R P T I R M V L P
E S E T O P P O S T A N U L T
A C N A R T E C E F O D G R A
E F B F X M O T P Y E P L U S
```

Adepta	Elmo	Plus
Aedo	Etero	Prode
Aida	Etica	Rafferme
Ambra	Fono	Roll
Anonimo	Glicerio	Taine
Aspo	Ionismo	Tese
Avanti	Montano	Trailer
Avito	Nartece	Trita
Divelto	Nevo	Unisco
Edule	Opposta	Viotti

```
B Z F B B N A N P A J A P R R
B O E Z S E N O S O T Q F H R
O A I I I R V B E D T I F V N
T O E E D H A R E C A R C N
I D C G R S V S S V L C K T S
T P U G O D C E I O E H E F B
N A O V P B N R Q A A A Q H N
E S C T E I F A E N M O D A D
S K O I R T H N R T Q E C Z R
I G P E T A L O A A I Z S L I
R E E A S A W L C O J V A E V
G C P I U J T C C O S O A J A
F E M X L D R O E D E G N O L
N U O C I T A V L E S I T Y G
W C P Y B A M L E I L G U G A
```

Andrei	Devo	Pompe
Areca	Duvet	Risentito
Base	Escretiva	Rivalga
Beat	Evaso	Selvatico
Bilustre	Guglielma	Siamese
Clonare	Ines	Siero
Coso	Khan	Tacitato
Cuoco	Leccare	Team
Dado	Nepa	Tosone
Degno	Petalo	Trita

```
E P I V F U O A V E C A T G R
J S E A E I Z N T R W K W W A
H S B U K E R N I O F H Z M U
R H P M Q R S I I B I L O D E
X F N A B V B F C R R R Y Z H
P E A Z I O I G E A I A T S V
A R M O I D T S Y N Y F B A J
J O E C S I S S O T Z S F E P
R T L I W I M A Y D T X S C G
F O I N R S T A J I E E R A X
T E X A S N O B L A N U Y R Q
S A L P E Y M E A O M P O A H
G O T R E M A O B K M U O V N
G O B O E T R A D R O O G O H
A T T E S A G W E N O C R O F
```

AIDS	Eroto	Otre
Alpe	Finn	Panico
Amorino	Forcone	Patriota
Aracea	Gabonese	Risse
Arbore	Gramo	Romola
Atos	Lode	Stael
Attesa	Malo	Stile
Barbino	Mugo	Texas
Brenta	Oboe	Tossisce
Dovrei	Orbe	Xilema

```
A O A A C R A F R Y R E J Q I
Y D Y L A R U T A L L O C C A
F I H O U O C R A I S H E W U
V L T F R T O M D S A L I C E
O I X I H N E A G O U R U F A
S A W L W L N O C J Q M S L V
O I R A T A R I G I A O L O A
I O N O V L T S G S D E T V D
Z D T U W T Q M R N R A N H U
I I A A O E M O E A C N E W Z
L P N T B A I D T I T A N I C
E L N L D R N S P T P I J V D
D E A I C C U S O C O S T Z R
T O N N S B T N L U T N E P L
M O H T R I O R I A N A E W W
```

Accollatura	Inurbato	Oriana
Acida	Liso	Orsa
Alofila	Lito	Ottone
Altea	Luteo	Salice
Bustarella	Maoismo	Scndendo
Cosuccia	Minuto	Sian
Delizioso	Musata	Spicato
Dino	Nanna	Titanic
Entottico	Nora	Vaduz
Giratario	Odilia	Vanadile

```
W A O T A T N A I P S O Y L I
M Y O T R Q B A L I S T I C O
I O D N A F A R G A R A P F M
S Q F I O T F N Q I S H B X O
E M D A U G D W S P N T G Z P
V O S G J W O O A C A R D N I
C V R U K O L S T S P X A Q S
E A E S A T T O I P S D L A T
R G N B A T U A M D E F I E O
N D W S Q I B K O O S L A R L
I A I X N M Y W D B A D N O A
E C S D I O P A N I A R T U C
R I I C A S T O I D N I R Y J
A R C O O A D X E I B O Z A S
E I V Z N R Y T E O B A L D O
```

Adeodata	Dire	Obito
Arco	Esatto	Ofio
Arguta	Idio	Ottimo
Asco	Indio	Pania
Aspa	Indomita	Paragrafando
Auro	Indraca	Pistola
Balistico	Irica	Risoltasi
Casto	Isogono	Spiantato
Cerniera	Lepto	Suga
Dalia	Mise	Teobaldo

```
F Q K A O O K A T S I B U T H
Z P T A P P I L D M N C P T Q
P I N P H T I H O R I O T R I
G E O U L T D S X T Z L U R D
F R R F B W S L S L T L R Y W
T D U P L I C A R E B O E D G
R A B W C Z A G E Z O A B S R
O C S I R E T S A H I R L S L
I C N B O G U Q T A G R A Z U
D O J K A S W A O U I Z C J E
B L I X I U A Z M Z P O N C W
Z S R V P R F T O M A I I O L
S E M R A A D I A M I I T G Y
L R Z K X S T P N G E T H O S
O T A R R E F F C E A K S Y B
```

Accolse	Fine	Rase
Agata	Gioia	Reato
Asterisco	Gita	Selz
Atto	Iapigio	Stimma
Balze	Irto	Stupito
Botto	Lippa	Tinca
Collo	Nubia	Troppo
Duplicare	Orio	Tubista
Ethos	Ossicino	Ture
Ferrato	Pier	Visus

```
W B U U N A L C O B O B T F O
A Z S F E K C O O N Z T T C T
O C B H I R Y T I C I Q I Y S
T D I R O T A G A C I D L X O
S A P R O F I L O G I R O I P
U D Y A D L L Q O M Z L G N I
D O C I L I T E M Z M A W U F
S M R B Z V B A G E Z P R K K
R B H T G G S N E A R U O C V
E L L H E I E B G S N I R A O
H I Q N R M I H X J I G B E O
E E T X B E O I S O U M B M I
M I F O I K F D L I N O A D A
L P X F A E I A O Z A F F E J
Q E S K N A X I W L E F V V D
```

AIDS	Gentil	Osio
Ambire	Idrica	Post
Ammidico	Igino	Ruzzolare
Arco	Licio	Saprofilo
Boxe	Lino	Slow
Cagato	Metilico	Ugrico
Edmea	Mise	Unix
Fabbro	Niuna	Usto
Fato	Nodino	Wafer
Gang	Odometro	Zaffe

```
U C Z G I A A Q N F J O W I P
X S L F F C S E D B T R S T R
L C M L U C C I O F V A R T R
A A B R E H Z I D T C M R E J
D L Y T T B M Y S A C A T V J
E T T A P O D A R S D R E A P
N R E T H O S D S U A B M A D
O I M A I O L I C H E M B E B
I V T E F F N I C L Z K N N P
B A M O F M V O P U L E N T O
B W M O M N N R R N R V R A U
A E S S A T O T E I E M A R X
G S E G Z U Q A G E S A L S O
O C J P C D I I R R R J A B U
D A A V Y C X P O N A F U F K
```

Amaro	Fosso	Opulento
Apoda	Free	Orta
Card	Gabbione	Plebe
Charter	Honoris	Polipnea
Cuor	Irene	Salso
Egro	Luccio	Scaltriva
Erba	Maioliche	Scettro
Esca	Marx	Tasse
Ethos	Massicci	Teff
Fano	Nito	Traduci

```
C I R L K Z M O Q D T I Y Y Y
Q Y S O X O M D Z L O F F A Q
F A U B S W Q O J D U A S L E
L B D A T O P P N A R T E C E
H O I T E M U E D C S O M T O
S T T O N A G R O N Z T T L J
S T O V A R I O T O M I A Y W
O I E R O P L K P R M D T S O
N G Z S N R E S P O N S O S F
C L N N E I C V E A S K G A O
I I O T P R S C V L Q B N V L
A E N O I N O C F H R G S B I
L R N B B R N B E L I Q T V V
E I O A I N O C I V O P X O I
C A A A T Y B I M V U N Q T A
```

Asta	Nartece	Ronca
Bottiglieria	Nocivo	Stesero
Elsa	Nonno	Stia
Epodo	Olivia	Tafi
Iena	Onagro	Tiaso
Inopi	Onciale	Tornisce
Insorgendo	Oria	Tour
Item	Ovariotomia	Udito
Lobato	Pugile	Vandalo
Loffa	Responso	Vigna

```
E S I M S O D O R F O C U O R
V E R O T U T I T S O S V R V
C B I T N U O Q M M M N I T I
A Q E I C O R S O I O J I R I
C L S V M H G E A F M N O C S
H C P A V V E N T A N D O O O
E K E Q S E N E B U L A F Q I
M G L I C E M I C O B I X Q E
I A L G U N P X X P D E U G M
R U E B P K A U L E R V K T W
E Q R E A B L V M U S C O S O
O E E I O C E Y C I F O R P O
O R U J A A T S X L E U I N R
G K I J O L O A P U X A R A E
G S E C C O T P I R O L O T K
```

Acta	Fonico	Pirolo
Avventando	Glicemico	Prof
Bevve	Meiosi	Riespellere
Cachemire	Muscoso	Riso
Ciro	Nebula	Soia
Corsoio	Odor	Sostitutore
Cuor	Ofide	Ture
Ecco	Oscure	Unisce
Equa	Paletot	Uosa
Etto	Paolo	Uria

```
A T G A O O W I O G G I R V Y
N L G T T X D J T C O Q I E A
A I L O G E Y Y O U I T Q T L
D F R I M C X L T C P D N O N
R T K N T M O A K A T A U U L
K I Q E D T A I S S I N O L U
K N I K I L B I Q C A S N E M
X G O P D L J E O O Z W I Z E
B A O S I C Z J R L A S L D N
O I A N R O F M F A O S C Z O
S R D E I O G W E M R I I L M
O A N B C D C R Z R B A R Z E
F U C T H N A I A O E I T B T
E R A C I F I S R E V P W S R
G G Q H S Y A P M A P M R G O
```

Anta	Lifting	Pince
Aria	Ludico	Ricorso
Blinda	Lumenometro	Sfare
Cascola	Mensa	Starare
Dana	Oasi	Texas
Fornaio	Olotipo	Toto
Golia	Onissi	Triclino
Gommaio	Orbe	Tuoi
Idem	Orma	Unto
Keniota	Pampa	Versificare

```
O R E S R O T S L V Q O L A C
Q G Q A J E L U S Z R M G U G
O R E T P E L N B E W O O A R
L T F I F C G R B G L R S S A
A E C I R T A C C O R C S T D
O O H E A N J E I L O O E N E
P C M A C R O D E L T M E N R
L U Z A I E A R P A N E T H C
V E R A R R E S I R O E O A F
T E E C J T I E R E L O D D L
E M A R E O G R A F I C O N H
L K T O U E A S I O R N O Y W
S R O N C K U R H M H J J H A
O R E C R A M O H U O P H T O
N D O O P V V Y G B A F B H W
```

Atea	Epico	Pausa
Brancare	Etere	Ptero
Chifel	Gasco	Radiologa
Cuor	Grader	Reato
Dolere	Iato	Riserrare
Dote	Macro	Ronco
Ecco	Marce	Scroccatrice
Ecru	Mareografico	Selce
Emocromo	Ollare	Storsero
Ente	Oste	Telson

```
B E U F O C O S K C O H S V P
Y R U U U N T T S M W O I K L
P E A A D R O C T N V O W O S
S C I C A X B N B E D O I X V
X S J M C F L O I I P A P A J
C O E G H A Y E C D I S T Z A
E N D I C E T O E O B G I E T
Q O F O O T Z O R Z O J U D S
T C I M R G T T I R I C P E I
J G O F T I E S G L E F T M V
K U N Q S P C U E U A U M I I
X L D A I A K O R R X I T T H
O U A S S I E M E P M A T S C
E Z T G Q O J K L M E C N A R
L A O B O S I N A P S I C J A
```

Archivista	Fiondato	Sistro
Assieme	Furbo	Sito
Braccato	Iodico	Soia
Conoscere	Ipetro	Stampe
Corda	Lago	Strame
Date	Mimmi	Time
Dispetto	Nono	Troiaio
Endice	Odorico	Ugro
Erigere	Shock	Vitae
Fare	Sinapsi	Zulu

```
W Q X X C J Y B E Z X A E T N
V K S I E H Y A Z N A I R B O
Q S L S Q O M R I M A N U S T
O C C E R E I N E G L D U V A
C A T A B N E D I U Y E I E I
O D C A B N R O M J M A R R A
L A E F B T I E V B N A O A M
L I R P V L D S N J Z C T P W
E K O T O V A B A Z J T R A T
T G T E M R U R U X O D E B A
T V O P O R T P N E K K P P A
O A L O G E P A J L K R A D V
V P P D O I G I R F O P I O C
D E H O Y S D L D E R G R F F
N A X S C J W W I R E U Q J W
```

Acaro	Eolio	Papa
Adige	Epodo	Pegola
Ameba	Eroto	Puzzare
Atto	Esca	Reflex
Brianza	Geniere	Renzo
Clic	Iato	Reuma
Colletto	Ipofrigio	Riaperto
Deportare	Miei	Tabla
Direi	Nadir	Tropo
Egli	Open	Tsunami

```
O Z O I C Y C N O V D H Q D B
E F C S P A O O O G N A U R C
E B I R I S D B I P M R J A F
L D B M O O T I R M M X B G E
A B E S I L O L O D L I I H J
M R F S R L N U V O L O O E F
U C E F E E S M A G Y I T D E
R N Z Y M C P E E I A A U R O
B P O H I S I N E I U E A U O
S P Z A O O U L T L G R L V N
L C C E G M H P A Y U I P V U
H C G U M A T O I C R O B E C
O E S S U R E I X U U D P V L
P D L B Y T O T A E Q M R A A
A D D C B P R G D Y A O J B J
```

Alcuno	Efebico	Poule
Alice	Egeo	Quipu
Auro	Esiodo	Ramoscello
Avorio	Ildo	Russe
Bigie	Imerio	Sciacco
Brumale	Iris	Sugo
Curare	Negli	Tota
Disc	Nobilume	Umato
Dogi	Nuvolo	Uremia
Draghe	Plauto	Uruguay

```
T W X A P U A N O P P A R I A
A R E I T T E B R O S B A S X
Q V X N V P A O M L N O T L Y
V E Q N O P R A C O R O P S F
L E R E J A R H M A P R R K D
E P L R G I S O T P Z G L E A
R U M V O R Q U A M W E E A Q
N M P A D E T T A O C R P L J
I V A N O S O S A C A W Q J N
W R T D A S S L A I N F I M O
X E I O J E E T C V S P O S E
D M N C T Z U C L C F S M Y Y
U I A E W R U G S D S L F B X
S E R E A S A L X E F U O C O
T E E B U F G O O T U N O R R
```

Apuano	Leccatura	Prora
Astuta	Massetere	Ptosi
Caso	Onore	Rete
Egro	Open	Sorbettiera
Esce	Osseo	Sporocarpo
Esseri	Paolo	Spose
Fuoco	Paria	Stoppato
Infimo	Patinare	Succiare
Innervando	Pixel	Umido
Ivano	Pomario	Vico

```
J A K O T V A J Z Q A F I U G
Z L R O E I E O G J E R A R O
Y A A S N W S B R B V J M I R
S G U M E I W I U R F G E N G
A J Q H O J G N D V A L D G W
R N F O N H Y U O U L F E R Z
I T H X L C S L R U O Y A O E
R S J Z C O Q T A E O S A S L
E U O K C E S V P P P T Q S U
N N E R A M R A I A O B O A U
T F A B T L I C V M D I E R R
R E K X C R O X I D O L A E E
A F T E P X A C V I G N O T A
P T P N A N A T E A G D T Z S
M X A O X E J W J F Z V B W I
```

Amedea	Gaetana	Pool
Armare	Grog	Priapeo
Artrosi	Idola	Quark
Asolo	Ignota	Raro
Aspa	Neon	Refluo
Atomica	Nube	Ringrossare
Elga	Ocra	Tokaj
Eroto	Osio	Ureasi
Farro	Partner	Viviparo
Fecola	Perugino	Xeno

```
X Q U S P Y C A R A M E L H R
G B I O C I D O M A Y J X A P
U R B I E M R A L L A E R P D
I A I E U L I G A N O L X E B
N C E B T X B S A O A I H S I
V C L U O P X L C K T V A L Z
E A L X T L E P N H T Y X O J
N R E Z R W L R O A I N A V A
T E S W U A H I O N Q A K N Y
A A E V F E Y T R S I Z C O F
N F P I V F O T E E N M U C O
D E F A L I D A N R R E U S E
O P I O R P R W I C B A T C H
D O G E C C K G A X O K Z Z P
H B A F O P L Q T N J G S S D
```

Alida	Crapa	Preallarme
Alno	Cumino	Ribollire
Anale	Doge	Schiacce
Arco	Fifa	Sconvolse
Avania	Figa	Taine
Batch	Furto	Tensore
Biellese	Inventando	Uligano
Braccare	Iris	Vaio
Caramel	Modico	Watt
Coffa	Muco	Zare

```
S A G B A D E S C A M E N T O
O M O C I P R O T H I U O D W
R C I X E B T O M S V M K B I
R A A R H R T F L X X P O N X
E N R T I A O T A D L A F N I
S O G T C C Q T W B I I U N A
S I O R O H A O A J A K T F V
E S E T T I M I O M D U C Z M
R M A W T L S J M R I R W Z P
O O T J I O O A Y R A T I F Y
G A U W P G Z B E V D V N V P
A K I U U I T Z O O N O S I E
Q K K A O C S N A S A L E N S
O N O N N O D S A B L A Z J C
S D E E Z K P N I U Q S C F O
```

Adescamento	Esco	Lord
Alba	Infaldato	Mercato
Anomia	Infiammazione	Mirica
Argo	Intimatore	Naia
Artois	Intuire	Nasale
Bazzotto	Irto	Nono
Brachilogico	Iuta	Pissi
Canoismo	Kiwi	Settimio
Cipro	Landa	Sorressero
Drive	Lobo	Zoonosi

```
R Q I N N V H W S U X V R E W
A M F L C T S D R U C I R E J
B R E R A N I V S M B W I O B
A L T R I B A L E P I E Y O T
N P A N Y D W Z O H E E R T R
C T K O B F X D M J A B I K Y
O E D L L L N Y L E Z U C F K
N M S U P E R M A N N S R H R
O P S G R U Z Z O L O U E Z S
T T E T G Q O E J J L O D Y X
A A I I C O M S I L I T E Y C
O N U Q S A O U A S G R V S A
B D A E R G T R U B F O A V O
A A V G E N E B A O S T A N O
Y O A D N A L R E B M I T Y F
```

Agra	Gruzzolo	Sdrucire
Aostano	Iran	Sevo
Bali	Isba	Superman
Banconota	Lonza	Svinare
Bene	Menu	Tarato
Busi	Miei	Temptanda
Etilismo	Motel	Timberland
Frullare	Nitrendo	Torto
Gana	Rebus	Tribale
Giuda	Ricredeva	Zelo

```
N M N C U A E D E P I B Z L X
N H Y V N G B Z A U D L A B W
E C T H P L Z R I L T N O U J
R P P K X A E T A I C O N C D
J M R I C O S S G G S T A M Z
U B I P R L S A H A O T S A C
T L N J S A C Q I T L T E M F
Q V S P T C T B R L R R C R E
H I A I I B A E T L A F O D O
O U V C A E N L S J B C I K V
A O E O R D D C E C I N D L N
I D N I C Z A E U M O A K U Z
O E D Y J E G V S D R E T N A
G R O F A R G I A X C Q H N N
A R S P A N S A R E A Z J O F
```

Adonide	Diocesano	Pareo
Alga	Elce	Piede
Alias	Etna	Piratesco
Altea	Genoa	Puliga
Ansare	Grafo	Rinsavendo
Ardire	Ioga	Scale
Baud	Istero	Sismico
Bipede	Lassativo	Trend
Casto	Nociate	Unno
Cicca	Orca	Unto

```
E A V Z D X O H E L O I W D O
C I T V C R N Y R Q C A J W O
V S P Y E A A E A O C S B T D
E A S N N V I B N T U A U V J
V C E Y O E C U G Z P V G L N
Z C Z I Z L C A U S A T O G L
U A P P Z L O E P L R A T Q I
Z T K T A I U G P M E R C C T
A O S U C N N T O U I A N D B
L V Q H X O M A G T M G O X N
D G W S S Q S A C A A C G L F
A O U I H C A C L T Z M R O B
G L Q E O O E S R O T Z A C P
C F B S P O W O E R F G A R M
G O A O C I T O I E M E S I O
```

Amaro	Enza	Occupare
Argon	Gamo	Oggi
Ascosa	Gara	Oppugnare
Avellino	Gazza	Osca
Avuto	Golf	Qualcuno
Bard	Iole	Saccato
Cachi	Ipnologo	Semeiotico
Canizie	Locri	Show
Causato	Mutatore	Torse
Cazzone	Nuocciano	Vasai

```
I O L A T L A D C Q C L Z D Y
G R S O V O I D E A U B O Q O
A I N S U N I C O V N T O C D
A I N O E L G B E A A A T R Z
R M M D R D E H X N G C A M W
S P X O U Z A Q G Z Z C D P B
S E U R I B C L O U N I N U E
G R A B G M I T P M A A A M D
Z A M Y L C A T V E I G O R A
U R S M O S O R A H S C D D E
L E A G E R B B C T R X Q D T
W N E P V V U R M E O F T Q E
B N I O O O U F P S C O Z I A
O R E I N T E G R A T O R E X
X D D O E T X P B K T X C X B
```

Alpe	Desso	Ovoidea
Alta	Deva	Percome
Andato	Giure	Reintegratore
Asma	Glicogeno	Rino
Avanzume	Imperare	Ripesato
Brodo	Indubitato	Scozia
Buono	Licenziare	Topa
Card	Marce	Torvo
Cave	Nato	Turchia
Corsia	Nove	Unico

```
E G I C C O C K S W Y E P B A
J A O A K W H D W R E Y Y Y Q
O T E P T I H Z L V U S G F U
O T Y P P D R O K V A Z R T N
N A K A J C U A A Y W O A H O
A M T U K M O C S A C K N P Z
I O M T I O E T H O S O D O O
N R X C E A C N E I G J G M P
I T A J I R L S R N A P U I O
C A X I U T E A I X L S I I H
O U G K E U V T C V C A G H A
S D Y K Q L A U A K A A N X R
Y R R C U K T A L K N E O Z G
U A A F S O L L E C O F L S O
M E N I N G I T E N I B Z G N
```

Acquese	Eretta	Okay
Agio	Ericale	Peto
Alcano	Ethos	Skating
Ardua	Gattamorta	Sociniano
Argon	Grandguignol	Sumo
Caos	Lanzo	Talk
Cappa	Market	Ulva
Coccige	Meningite	Umica
Duchi	Neon	Uvacea
Elce	Ocello	Vulci

```
Q L E R U M E R P X Q A A U O
M R L M A I C R D A M P E R E
B F I R O N C O A T I T A U G
O D T V O I E S O C Y O T X V
O T O O T M E L E J A N U A V
D A A C A E G N G N M N L N Y
N I N B I T O T A R O D O P R
O V R A M R O A R C O T S M A
U T A D R O A F P H S H N Y S
T Q A C A I B V F P B X I E V
O S E L P M T O O E K O N M C
Y M E D S G L R A A S I B J A
O D H B I A A F M X R O G T C
X F C M R T Z R O T Z B I S Z
G T O J L O A V R O X R Q X T
```

Amor	Lato	Premure
Ampere	Lena	Risparmiato
Apice	Leso	Rita
Arco	Madrid	Ronco
Bombato	Minimetro	Smonacare
Centone	Odorato	Spora
Ebro	Offeso	Tirana
Edita	Orda	Tram
Fola	Ovarico	Trine
Insoluta	Paio	Umido

```
F G K O D E O J S G Y S H Y E
B B T O N O T A I Z N E T O P
A I I O G C S T B D O B W K P
D I I F E U R T E M F D J B A
I A R B O L S U O S M S Y R N
I P B E T L I N A T E K U H C
L R V Y T O C O K Y P D A R R
O Q O N T N C O G L O D B K E
C B B I O E A C A R E S T I A
C I M R Y P T R E L A S A C T
O I A L L O I S I L T F P J I
I R M I U I V O R T E M I R T
H H E F Y T O B K G D V P C E
C M G U M E T T E A Q V Z W O
R O M S I Z R O V I D H T G H
```

Bifolco	Eliografico	Pipa
Carestia	Etani	Potenziato
Casale	Etiope	Raro
Chioccolii	Ione	Sette
Dito	Lutto	Siccativo
Divorzismo	Mambo	Sous
Dolgo	Mito	Sufi
Dura	Noia	Sugo
Ebbro	Nora	Tiranteria
Egeo	Pancreatite	Trimetro

```
V M I K H B A N K N O U U K N
U S S R U I A I A M M U M M X
O M R O I N S N L M S J V P X
Q I I S A X J I A E I B A F Z
V G H L X S O Y F N R R W L T
Z F C C E D D I E O T U V T G
H O P U C I U E C R P A A E N
L O L O V A C R A T A A N F F
O O O R N V M T A E T O Y F R
L H C E N L M U E M T S U G O
I R E I N B I I F A E T J F D
Q I S Z R J J N C N B N X O E
Z P A R C B P P E A R B T V P
S S R O V O U F L L E R I E S
I O A S I H H L S H R K O A R
```

Abbia	Duramente	Oasi
Acefala	Erbetta	Online
AIDS	Fovea	Orziero
Alcol	Frode	Sugo
Apofisi	Fumacchio	Teff
Arcavolo	Ieri	Trismo
Aurelia	Ipso	Tuff
Catone	Lanametro	Umile
Cesara	Lubrico	Uovo
Cupo	Mica	URSS

```
A O A O F P M V O T W R Z D O
B O N Z I T A P Y N A W E A A
R M C I A L A N K I T F E R G
M J I C L N I N N N Z F F U P
P I R E T E A B A O L U E I D
O W I R B Q F S S V S O N B O
E S L V P J S U E T U P D B A
D L L O O A T R E R M L I H I
Q O A E P S E L B P A A S U S
Y G B D C O L R F E T B R A A
G A Y T O E L N E I V E I A N
C R B I R N O P N I Z U C C A
M E M E N M Z M O N T I T R T
K A D U F V J H D S D R O O U
W E A C V O R R I P O S A R E
```

Artiere	Erede	Panno
Avulsa	Erta	Passant
Baresana	Eutanasia	Polposo
Bevuto	Felino	Popcorn
Celso	Fustelle	Pouf
Cervo	Ilio	Riposare
Cirilla	Iure	Slogare
Dica	Napo	Taffio
Ecru	Nino	Vien
Efendi	Nodale	Zucca

```
F V S O R D O O X I M O U E W
A P O T I Q S R D E R N O R A
M A B R A V E A E U L O D A A
X O A I G E N O I H C C E R O
W P F G N A G M D M G S P A Q
E F I A I O U E L A C I Q Z R
N V N M L O U R Z M A T B G G
I S F O E U U O E I S T A N K
A M I N A R E T R O T E V V O
C G O M K Z I A U S P P S M I
A V C T S L N V R R Y M J S G
R O C O R F G A S W V I A B E
Y M A H S I A C I R U R Q R R
D N R J D M C S J D W X Z W G
L A E J V W O E K I R A N N E
```

Agiologo	Escavatore	Pedo
ANSA	Grampo	Rape
Arare	Imam	Rimpettiscono
Arpia	Infioccare	Scudo
Bighero	Metil	Sesse
Brave	Minare	Sordo
Cast	Motrice	Topa
Cosmo	Nora	Trigamo
Dana	Omero	Tuoi
Egregio	Orecchione	Urica

Solutions

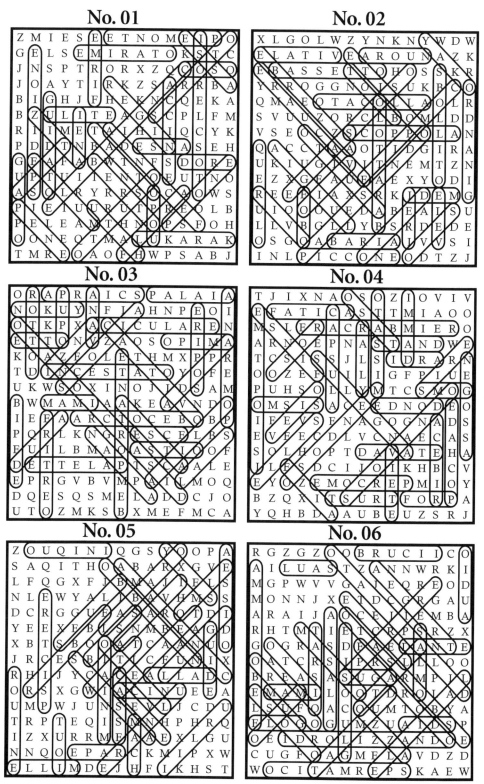

105

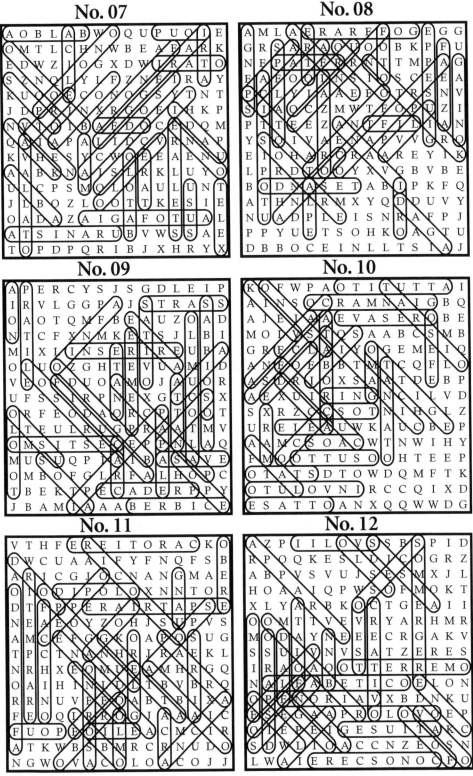

No. 07

No. 08

No. 09

No. 10

No. 11

No. 12

106

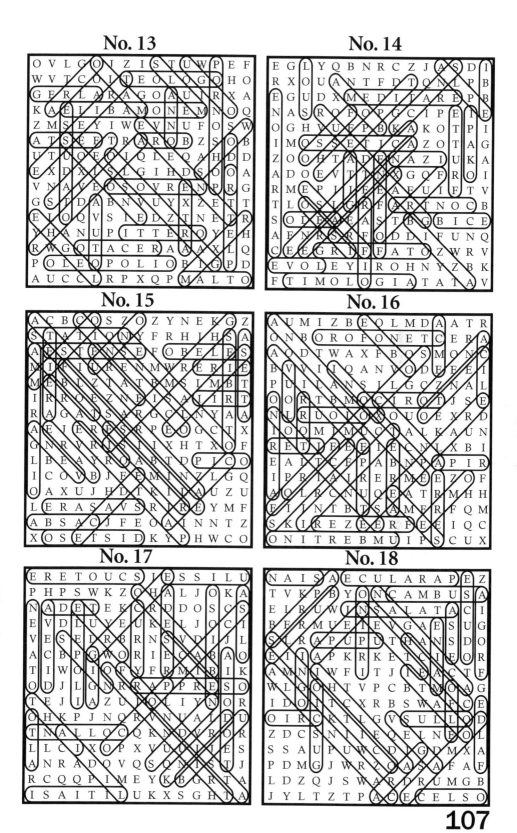

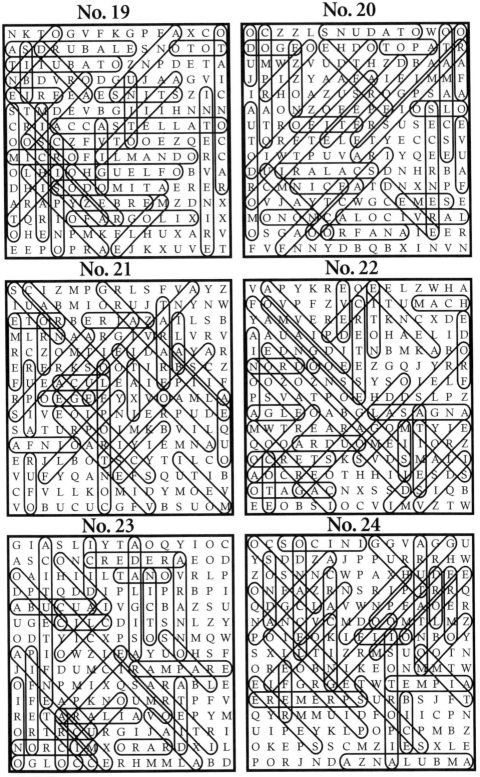

No. 19

No. 20

No. 21

No. 22

No. 23

No. 24

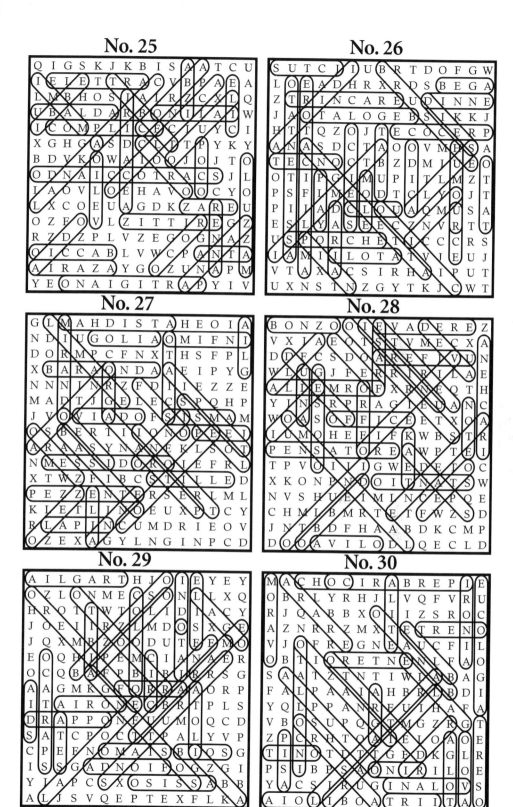

No. 25

No. 26

No. 27

No. 28

No. 29

No. 30

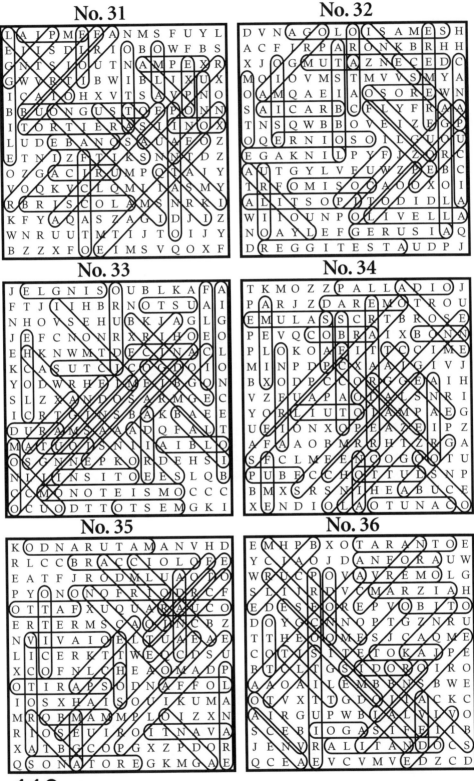

No. 31
No. 32
No. 33
No. 34
No. 35
No. 36

110

No. 37

No. 38

No. 39

No. 40

No. 41

No. 42

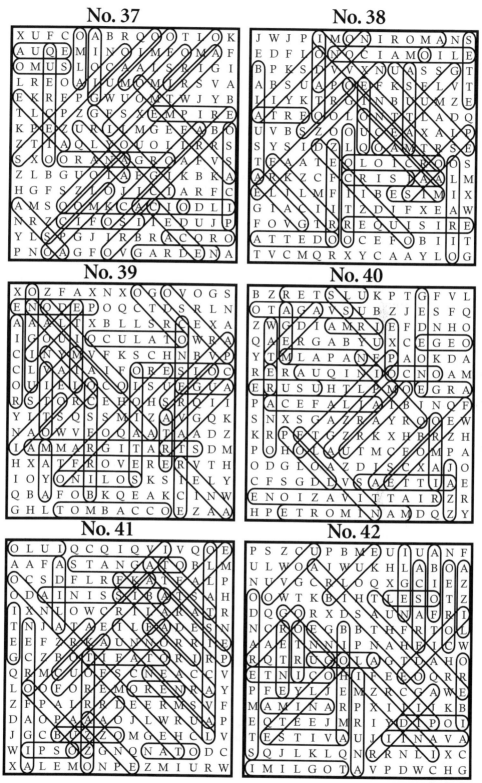

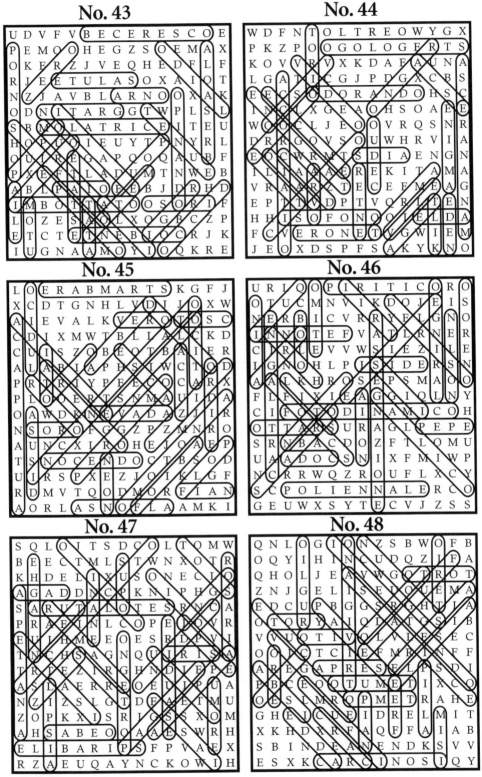

No. 43

No. 44

No. 45

No. 46

No. 47

No. 48

112

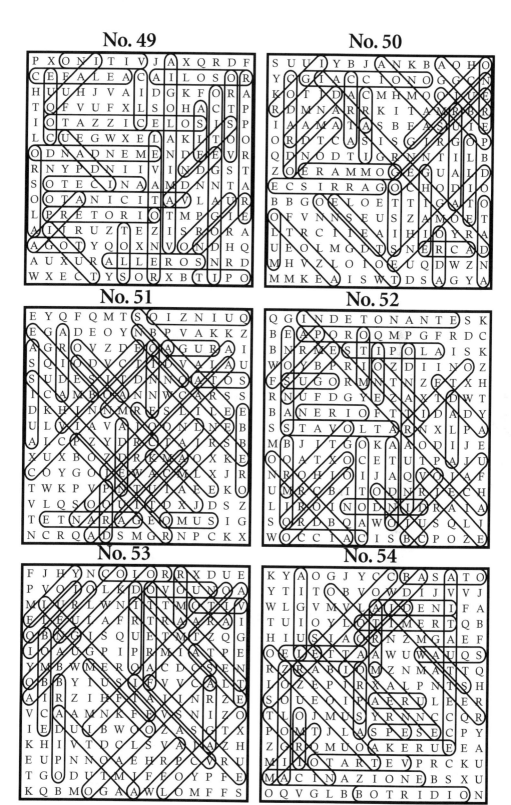

No. 49

No. 50

No. 51

No. 52

No. 53

No. 54

113

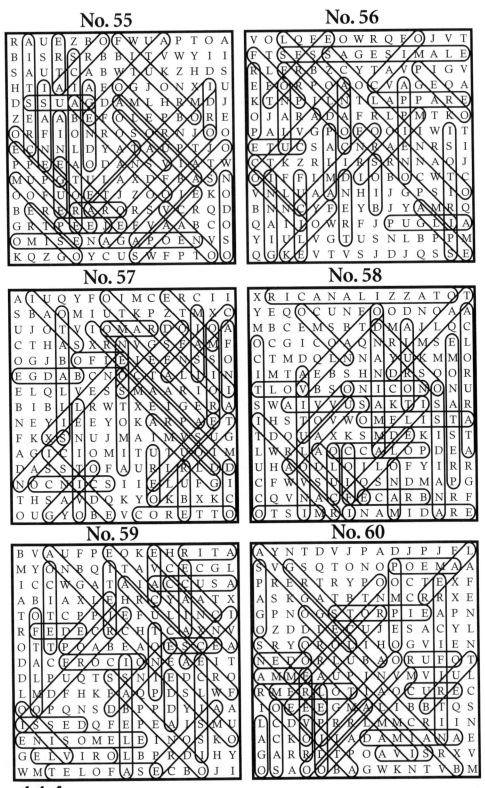

No. 55

R	A	U	E	Z	B	O	F	W	U	A	P	T	O	A
R	I	S	R	S	R	B	B	I	T	V	W	Y	I	I
S	A	U	T	C	A	B	W	T	U	K	Z	H	D	S
H	T	I	A	I	A	F	O	G	J	O	N	X	I	J
D	S	S	U	A	G	D	A	M	L	H	R	M	D	J
Z	E	A	A	B	E	F	O	L	E	P	B	O	R	E
O	R	F	I	O	N	R	O	S	O	R	N	J	O	O
E	C	N	N	L	D	Y	A	T	A	O	P	T	J	O
P	P	E	E	A	O	D	A	N	S	V	A	T	W	W
M	L	P	G	T	U	I	A	X	D	F	B	A	S	N
O	O	L	U	O	E	T	J	Z	O	O	E	K	O	O
B	E	R	E	R	A	R	O	R	S	V	C	R	Q	D
G	R	T	P	E	E	I	E	E	V	A	A	B	C	O
O	M	I	S	E	N	A	G	A	P	O	E	N	V	S
K	Q	Z	G	O	Y	C	U	S	W	F	P	T	O	O

No. 56

V	O	L	Q	E	E	O	W	R	Q	F	O	J	V	T
F	T	S	E	S	S	A	G	E	S	I	M	A	L	E
R	L	E	R	B	Z	C	Y	T	A	V	P	I	G	V
E	E	O	R	P	O	A	O	C	V	A	G	E	O	A
K	T	N	P	I	I	N	T	L	A	P	P	A	R	E
O	J	A	R	A	D	A	F	R	L	P	M	T	K	O
P	A	I	V	G	P	O	E	O	O	I	W	I	T
E	T	U	C	S	A	C	N	R	A	E	N	R	S	I	J
C	T	K	Z	R	I	I	R	S	R	N	N	A	O
O	I	F	F	I	M	D	I	O	B	O	C	W	T	C
V	N	L	U	A	A	N	H	I	J	G	P	S	I	O
B	N	N	C	Y	F	E	Y	B	J	Y	A	M	R	Q
Q	A	I	L	O	W	R	F	J	P	U	G	L	I	A
Y	I	U	L	V	G	T	U	S	N	L	B	P	P	M
Q	G	K	E	V	T	V	S	J	D	J	Q	S	E

No. 57

A	I	U	Q	Y	F	O	I	M	C	E	R	C	I	I
S	B	A	O	M	I	U	T	K	P	Z	T	M	X	C
U	J	O	T	V	I	O	M	A	R	D	O	I	O	A
C	T	H	A	S	X	R	N	V	G	S	E	A	M	F
O	G	J	B	O	F	I	E	I	E	F	N	S	S	O
E	G	D	A	B	C	N	O	C	T	A	L	I	I	N
E	L	Q	L	V	E	S	S	M	A	A	R	I	O	I
B	I	B	I	L	R	W	T	X	E	I	G	E	R	A
N	E	Y	I	E	E	Y	O	K	A	R	P	A	E	T
F	K	X	S	N	U	J	M	A	I	M	V	U	J	U
A	G	I	C	I	O	M	I	T	U	T	U	I	I	I
D	A	S	S	T	O	F	A	U	R	I	R	L	I	D
N	O	C	N	I	C	S	I	I	E	L	U	F	G	I
T	H	S	A	V	D	Q	K	Y	O	K	B	X	K	C
O	U	G	Y	O	B	E	V	C	O	R	E	T	T	O

No. 58

X	R	I	C	A	N	A	L	I	Z	Z	A	T	O	T
Y	E	Q	O	C	U	N	E	O	O	D	N	O	A	A
M	B	C	E	M	S	B	T	D	M	A	J	L	Q	C
O	C	G	I	C	O	A	Q	N	R	I	M	S	E	L
C	T	M	D	O	L	N	N	A	Y	U	K	M	M	O
I	M	T	A	E	B	S	H	N	D	R	S	O	O	R
T	L	O	V	B	S	O	N	I	C	O	N	O	N	U
S	W	A	I	V	V	U	S	A	K	T	I	S	A	R
I	H	S	T	O	V	W	O	M	E	L	I	S	T	A
T	D	Q	U	A	X	K	S	M	D	E	K	I	S	T
L	W	R	I	A	Q	C	C	A	L	O	P	D	E	A
U	H	A	O	L	O	I	L	L	O	F	Y	I	R	R
C	F	W	V	S	U	I	O	S	N	D	M	A	P	G
C	Q	V	N	A	C	H	E	C	A	R	B	N	R	F
O	T	S	I	M	R	I	N	A	M	I	D	A	R	E

No. 59

B	V	A	U	F	P	E	O	K	E	H	R	I	T	A
M	Y	O	N	B	Q	I	T	A	V	C	E	C	G	L
I	C	C	W	G	A	T	A	I	A	C	C	U	S	A
A	B	I	A	X	I	E	H	R	C	Y	A	A	T	X
T	O	T	C	P	P	I	E	F	U	L	N	C	I
R	F	E	D	E	C	R	C	H	T	C	A	X	N	V
O	T	T	P	O	A	B	E	A	O	S	C	E	A
D	A	C	E	R	O	C	I	O	N	E	A	E	I	T
D	L	P	U	Q	T	S	S	N	I	E	D	C	R	O
L	M	D	F	H	K	E	A	O	P	D	S	L	W	F
O	O	P	Q	N	S	D	B	P	P	D	Y	I	A	A
I	S	S	E	D	Q	F	E	P	E	A	I	S	M	U
E	N	I	S	O	M	E	L	E	I	N	O	S	K	O
G	E	L	V	I	R	O	L	B	P	R	D	J	H	Y
W	M	T	E	L	O	F	A	S	E	C	B	O	J	I

No. 60

A	Y	N	T	D	V	J	P	A	D	J	P	J	E	L
S	V	G	S	Q	T	O	N	O	P	O	E	M	A	A
P	R	E	R	T	R	Y	P	O	O	C	T	E	X	F
A	S	K	G	A	T	B	T	N	M	C	R	R	X	E
G	P	N	O	G	S	T	O	R	P	I	E	A	P	N
O	Z	D	D	I	E	C	U	J	E	S	A	C	Y	L
S	R	Y	O	R	O	L	I	H	O	G	V	I	E	N
N	E	D	O	R	L	U	B	A	O	R	U	F	O	T
A	M	M	E	A	U	P	I	N	V	M	V	I	U	L
R	M	E	R	R	L	O	T	I	A	O	C	U	R	E	C
I	O	E	E	E	G	M	A	L	I	B	B	T	Q	S
L	C	D	V	P	R	R	I	M	M	C	R	I	I	N
A	C	K	O	L	I	A	D	A	M	I	A	N	A	E
G	A	R	R	D	T	P	O	A	V	I	S	R	X	V
O	S	A	O	O	B	A	G	W	K	N	T	V	B	M

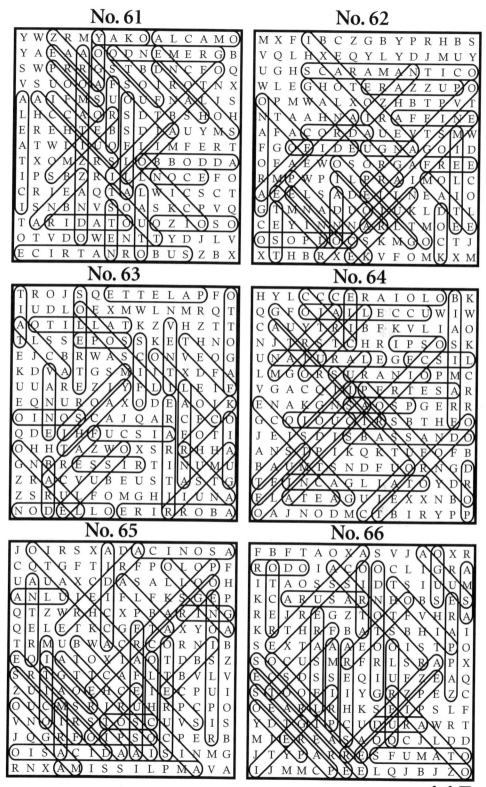

No. 61

No. 62

No. 63

No. 64

No. 65

No. 66

115

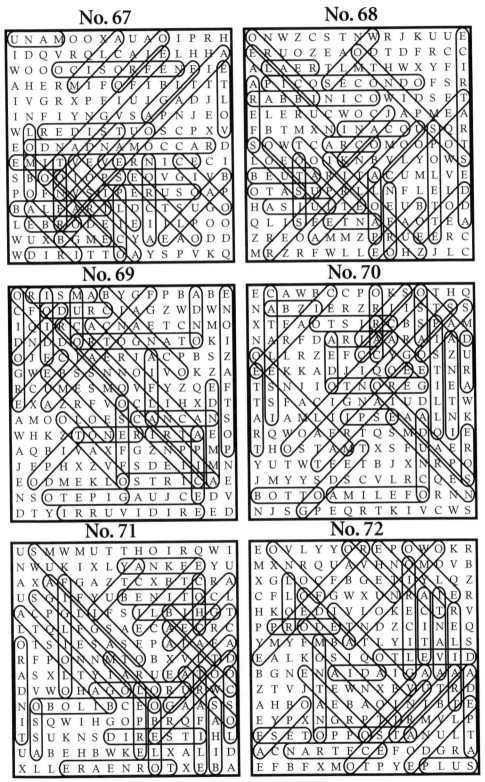

No. 67

No. 68

No. 69

No. 70

No. 71

No. 72

116

No. 73

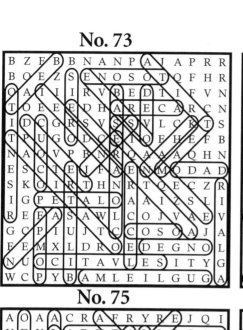

No. 74

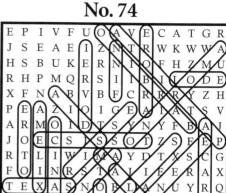

No. 75

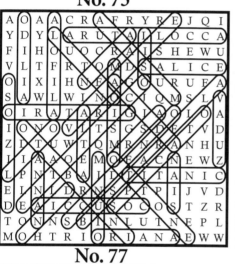

No. 76

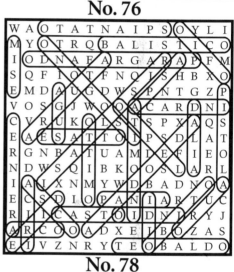

No. 77

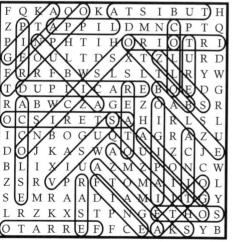

No. 78

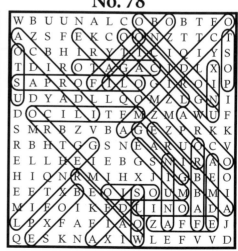

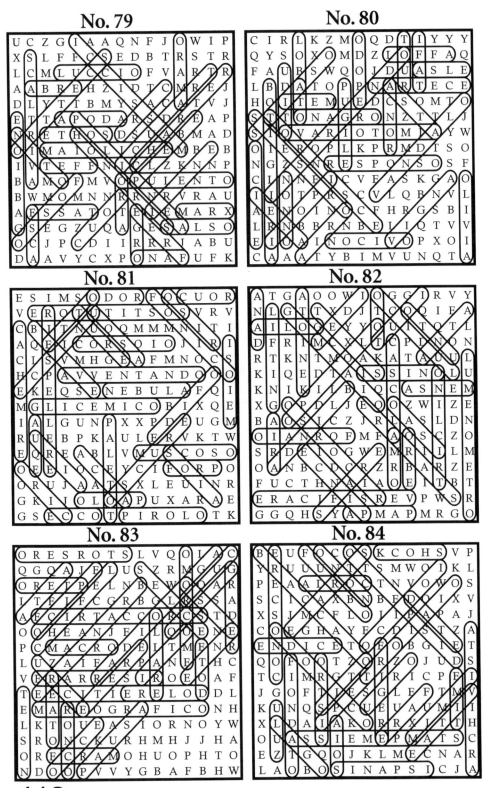

No. 79

U	C	Z	G	I	A	A	Q	N	F	J	O	W	I	P
X	S	L	F	F	C	S	E	D	B	T	R	S	T	R
L	C	M	L	U	C	C	I	O	F	V	A	R	T	R
A	A	B	R	E	H	Z	I	D	T	C	M	R	E	J
D	L	Y	T	T	B	M	Y	S	A	C	A	T	V	J
E	T	T	A	P	O	D	A	R	S	D	R	E	A	P
N	R	E	T	H	O	S	D	S	U	A	B	M	A	D
O	I	M	A	I	O	L	I	C	H	E	M	B	E	B
I	V	T	E	F	F	N	I	C	L	Z	K	N	N	P
B	A	M	O	F	M	V	O	P	U	L	E	N	T	O
B	W	M	O	M	N	N	R	R	N	R	V	R	A	U
A	E	S	S	A	T	O	T	E	N	E	M	A	R	X
G	S	E	G	Z	U	Q	A	G	E	S	A	L	S	O
O	C	J	P	C	D	I	I	R	R	J	A	B	U	F
D	A	A	V	Y	C	X	P	O	N	A	F	U	F	K

No. 80

C	I	R	L	K	Z	M	O	Q	D	T	I	Y	Y	Y
Q	Y	S	O	X	O	M	D	Z	I	O	F	F	A	Q
F	A	U	B	S	W	Q	O	J	D	U	A	S	L	E
H	L	B	D	A	T	O	P	P	N	A	R	T	E	C
Q	I	I	T	E	M	U	E	D	C	S	O	M	T	O
S	T	T	O	N	A	G	R	O	N	Z	T	T	L	J
S	O	V	A	R	I	O	T	O	M	L	A	Y	W	
O	I	E	R	O	P	L	K	P	R	M	D	T	S	O
N	G	Z	S	N	R	E	S	P	O	N	S	O	S	F
C	I	N	N	E	I	C	V	E	A	S	K	G	A	O
I	J	O	T	P	R	S	C	V	L	Q	B	N	V	L
A	E	N	O	I	N	O	C	F	H	R	G	S	B	I
L	R	N	B	B	R	N	B	E	L	I	Q	T	V	V
E	I	O	A	I	N	O	C	I	V	O	P	X	O	I
C	A	A	A	T	Y	B	I	M	V	U	N	Q	T	A

No. 81

E	S	I	M	S	O	D	O	R	F	O	C	U	O	R
V	E	R	O	T	U	T	I	T	S	O	S	R	R	V
C	B	I	T	N	U	O	Q	M	M	M	N	I	T	I
A	Q	E	I	C	O	R	S	O	I	O	J	R	I	I
C	I	S	V	M	H	G	E	A	F	M	N	O	C	S
H	C	P	A	V	V	E	N	T	A	N	D	O	O	O
E	K	E	Q	S	E	N	E	B	U	L	A	F	Q	I
M	G	L	I	C	E	M	I	C	O	B	I	X	Q	E
I	A	L	G	U	N	P	X	X	P	D	E	U	G	M
R	U	E	B	P	K	A	U	L	E	R	V	K	T	W
E	Q	R	E	A	B	L	V	M	U	S	C	O	S	O
O	E	E	I	O	C	E	Y	C	I	F	O	R	P	O
O	R	U	J	A	A	T	S	X	L	E	U	I	N	R
G	K	I	I	O	L	O	A	P	U	X	A	R	A	E
G	S	E	C	C	O	T	P	I	R	O	L	O	T	K

No. 82

A	T	G	A	O	O	W	I	O	G	G	I	R	V	Y
N	L	G	T	X	D	J	T	C	O	Q	I	E	A	
A	I	L	O	G	E	Y	Y	O	U	I	T	O	T	L
D	F	R	I	M	C	X	L	T	C	P	I	N	O	N
R	T	K	N	T	M	O	A	K	A	T	A	U	U	L
K	I	Q	E	D	T	A	I	S	S	I	N	O	L	U
K	N	I	K	I	I	B	I	Q	C	A	S	N	E	M
X	G	O	P	D	L	J	E	O	Z	W	I	Z	E	
B	A	O	S	I	C	Z	J	R	L	A	S	L	D	N
O	I	A	N	R	O	F	M	F	A	O	S	C	Z	O
S	R	D	E	I	O	G	W	E	M	R	I	I	L	M
O	A	N	B	C	D	C	R	Z	R	B	A	R	Z	E
F	U	C	T	H	N	A	I	A	O	E	I	T	B	T
E	R	A	C	I	F	I	S	R	E	V	P	W	S	R
G	G	Q	H	S	Y	A	P	M	A	P	M	R	G	O

No. 83

O	R	E	S	R	O	T	S	L	V	Q	O	I	A	C
Q	G	Q	A	J	E	L	U	S	Z	R	M	G	U	G
O	R	E	T	P	E	L	N	B	E	W	O	O	A	R
I	T	E	I	F	C	G	R	B	O	L	S	S	A	
A	E	C	I	R	T	A	C	C	O	R	C	S	T	D
O	O	H	E	A	N	J	E	I	L	O	O	E	N	E
P	C	M	A	C	R	O	D	E	I	T	M	E	N	R
L	U	Z	A	I	F	A	R	P	A	N	E	T	H	C
V	E	R	A	R	R	E	S	I	R	O	E	O	A	F
T	E	E	C	I	T	I	E	R	E	L	O	D	D	L
E	M	A	R	E	O	G	R	A	F	I	C	O	N	H
L	K	T	O	U	E	A	S	I	O	R	N	O	Y	W
S	R	O	N	C	K	U	R	H	M	H	J	J	H	A
O	R	E	C	R	A	M	O	H	U	O	P	H	T	O
N	D	O	O	V	P	V	V	Y	G	B	A	F	B	H	W

No. 84

B	E	U	F	O	C	O	S	K	C	O	H	S	V	P
Y	R	U	U	U	N	T	S	M	W	O	I	K	L	
P	E	A	A	I	R	O	C	T	N	V	O	W	O	S
S	C	I	C	A	X	B	N	B	E	D	O	I	X	V
X	S	I	M	C	F	L	O	I	I	P	A	P	A	J
C	O	F	G	H	A	Y	E	C	D	I	S	T	Z	A
Q	O	F	O	O	T	Z	O	R	Z	O	J	U	D	S
T	C	I	M	R	G	T	I	R	I	C	P	E	I	T
J	G	O	F	T	I	E	S	G	L	E	F	T	M	V
K	U	N	Q	S	I	C	U	E	U	A	M	I	I	
X	L	D	A	I	A	K	O	R	R	X	I	T	T	H
O	U	A	S	S	I	E	M	E	P	M	A	T	S	C
E	Z	T	G	Q	O	J	K	L	M	E	C	N	A	R
L	A	O	B	O	S	I	N	A	P	S	I	C	J	A

118

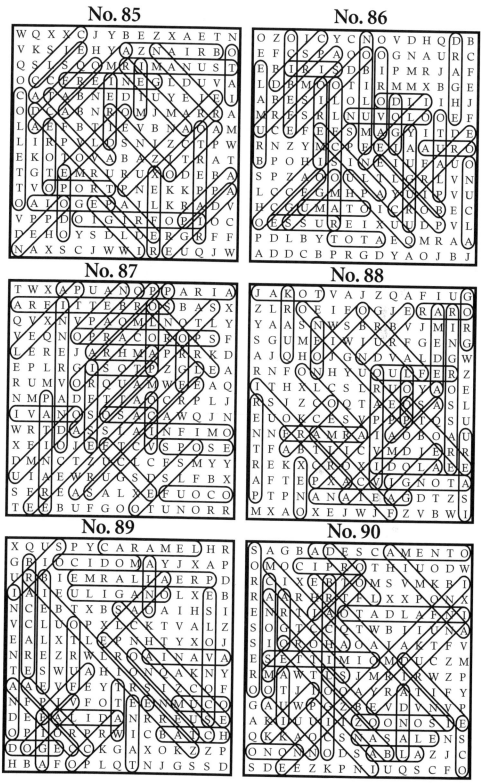

119

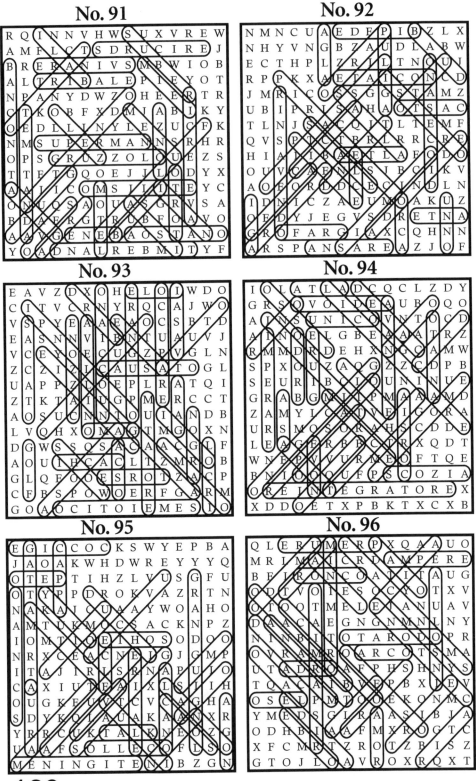

No. 91

No. 92

No. 93

No. 94

No. 95

No. 96

120

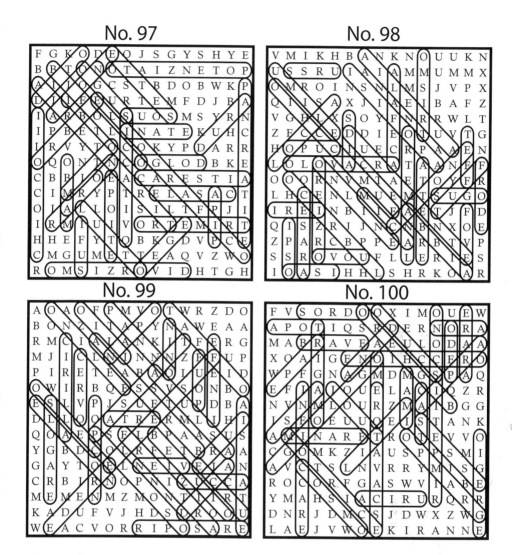

No. 97

No. 98

No. 99

No. 100

Thank you for your support!

We welcome any suggestions.
What do you like?, What don't you like?, Is it too easy? Too difficult? And what would you like us to change or add.

Please visit our website: **www.brainwork-outs.com** for more wide selection of fun puzzles and please leave a product review if you're satisfied.
Subscribe to Brain Workouts for newsletters and free fun games.

Reach us at: **contact@brainwork-outs.com**